零成本留住核心人才

微软、波音等全球 500 强企业留才面谈实战手册

〔美〕贝弗莉·凯（Beverly Kaye）
莎朗·乔丹-埃文斯（Sharon Jordan–Evans）　◎著
李文远　◎译

HELLO
STAY
INTERVIEWS
GOODBYE
TALENT LOSS

Hello Stay Interviews Goodbye Talent Loss by Beverly Kaye and Sharon Jordan-Evans
Copyright © 2015 by Beverly Kaye and Sharon Jordan-Evans
Copyright licensed by Berrett-Koehler Publishers arranged with Andrew Nurnberg Associates International Limited.
Simplified Chinese edition copyright © 2016 by **Grand China Publishing House**
All rights reserved.

No part of this book may be used or reproduced in any manner whatever without written permission except in the case of brief quotations embodied in critical articles or reviews.

本书中文简体字版通过 Grand China Publishing House（中资出版社）授权新世界出版社在中国大陆地区出版并独家发行。未经出版者书面许可，本书的任何部分不得以任何方式抄袭、节录或翻印。

北京版权保护中心海外图书版权合同登记号：图字 01-2016-0371 号

图书在版编目（CIP）数据

零成本留住核心人才 /（美）凯（Kaye,B.),（美）乔丹 - 埃文斯（Jordan-Evans,S.）著；李文远译 . -- 北京：新世界出版社 , 2016.4
  ISBN 978-7-5104-5646-6

Ⅰ.①零… Ⅱ.①凯… ②乔… ③李… Ⅲ.①企业管理－人力资源管理 Ⅳ.① F272.92

中国版本图书馆 CIP 数据核字（2016）第 063037 号

零成本留住核心人才

作　　者：	[美]贝弗莉·凯（Beverly Kaye）　莎朗·乔丹 - 埃文斯（Sharon Jordan–Evans）
译　　者：	李文远
策　　划：	中资海派
执行策划：	黄河 桂林
责任编辑：	贾瑞娜
特约编辑：	易新
责任印制：	李一鸣
出版发行：	新世界出版社
社　　址：	北京西城区百万庄大街 24 号（100037）
发 行 部：	(010) 6899 5968　　(010) 6899 8705（传真）
总 编 室：	(010) 6899 5424　　(010) 6832 6679（传真）
http：//www.nwp.cn　　http：//www.nwp.com.cn	
版 权 部：	+8610 6899 6306
版权部电子邮箱：	nwpcd@sina.com
印　　刷：	深圳市福圣印刷有限公司印刷
经　　销：	新华书店
开　　本：	787mm×1092mm　1/16
字　　数：	122 千
印　　张：	12
版　　次：	2016 年 4 月第 1 版　2016 年 4 月第 1 次印刷
书　　号：	ISBN 978-7-5104-5646-6
定　　价：	35.00 元

版权所有，侵权必究
凡购本社图书，如有缺页、倒页、脱页等印装错误，可随时退换。
客服电话：(010) 6899 8638

Dear Chinese Readers,

It is my great joy to share with you the Stay Interview... a simple, effective strategy for engaging and retaining your talented employees.

Hold Stay Interviews early and often, with anyone you hope will remain enthused, productive and on your team!

Best wishes for great Success,

Sharon Jordan-Evans

Dear Chinese Leaders,

We wrote this book because we know how time consuming the work of the business can be. We firmly believe that these short conversations can help you be more talent-centered and engagement-focused.

Warmly,

Beverly Kaye

亲爱的中国读者：

非常高兴能和你们分享《零成本留住核心人才》，它能够帮助你们简单、迅速地吸引并留住优秀的员工。经常研读这本书，您能留住任何人，让他保持热情、高效地工作，并一直留在您的团队！

祝您成功！

莎朗·乔丹-埃文斯

亲爱的中国商业领袖们：

我们写这本书，是因为我们知道，商业工作是一场旷日持久的战争！我们相信，本书中的简短谈话，可以帮助您吸引并留住人才。

贝弗莉·凯

谨以此书献给我的儿孙们，

感谢你们给我的生活带来如此多快乐和奇遇。

——莎朗·乔丹-埃文斯

谨以此书献给我的同事、朋友和家人，
你们的支持让我始终充满创意、自信和归属感。

——贝弗莉·凯

关于作者

贝弗莉·凯和莎朗·乔丹－埃文斯在贝瑞特－科勒出版社参加作者见面会

本书的两位作者是提升员工敬业精神与留存率的资深专家。她们非常热衷于向广大管理者提供实用的工具和策略，以帮助他们培养和挽留优秀员工。如今，她们仍在从事这项工作。而且她们自1997年起就开始了共同写作的历程，现已合作出版数本专著。

贝弗莉·凯 她是职场系统国际公司的创始人。她在30多年前创立了这家公司，如今，它已经成为一家国际化企业，并且在开发和提供具有创新性、行动型人才管理解决方案方面处于业界标杆地位。职场系统国际公司强调提升员工的敬业精神和留存率，以提供职业发展相关的权威产品为世界各地的组织服务。

由于贝弗莉·凯对职场研究有着突破性的、持续不断的贡献，而被美国人才发展协会（Association for Talent Development）授予"杰出贡献奖"。她的第一本著作《升迁不是唯一途径》（*Up Is Not the Only Way*）一直是职业发展领域的经典作品。她最近与朱莉·温克尔·朱莉奥尼合著的《帮助他们成长还是看着他们离开》一书依旧是经典之作。她在加州大学洛杉矶分校（UCLA）取得了博士学位。

贝弗莉出生在新泽西州，如今已经与丈夫巴里和女儿琳赛在洛杉矶安家，家里还养了条爱犬——罗西。贝弗莉经常进行演讲。欢迎访问她的网站 www.CareerSystemsIntl.com，或者给她发邮件，邮件地址：HQ@CareerSystemIntl.com。

莎朗·乔丹-埃文斯 她是乔丹-埃文斯集团的总裁，也是提升员工敬业精神和留存率领域的先驱者。她与许多优秀人才都有过合作，而这些人才都是他们所在公司的高绩效员工，是公司不可流失的中坚力量。莎朗是"全球财富500强"企业争相邀请的演说家，这些公司包括美国运通、波音公司、迪士尼公司、洛克希德公司、微软、美国巨兽公司、环球电影公司，等等。她曾获得组织发展学硕士学位，现在是一名持有认证证书的高管教练。

莎朗还为美国很多媒体提供咨询服务，包括美国国家公共广播电台（NPR）、《商业2.0》杂志、《首席执行官》杂志、《首席信息官》杂志、《哈佛管理前沿》杂志、《职业女性》杂志、《投资者商业日报》和《洛杉矶时报》。莎朗出生在美国西北部，现在和丈夫迈克定居在加州坎布里亚市（Cambria），家里养了一只名为"奥利奥"的狮子狗。她有4个儿女，皆已成年，还有5个可爱的孙子及孙女。

想了解莎朗的更多著作并观看她的演讲视频，请访问其网站www.jeg.org。如果你想联系莎朗，请发邮件到她的电子邮箱 sharon@jeg.org。

权威推荐

中商国际管理研究院院长　杨思卓

《零成本留住核心人才》是一本实战、实用的书籍，如工具般的好用，特别适合成长型企业作为管理工具书使用，值得向各级领导者推荐阅读。

单仁资讯集团董事长　单仁博士

核心人才流失是企业经营的重大困扰。但是这样的问题并非不可避免，在《零成本留住核心人才》一书中，两位作者详尽说明了留才的面谈方法与技巧。强烈建议所有管理者将这本书放在你的案头，随时翻阅以提醒自己，不要犯别人犯过的错误。

易宝支付市场总监　唐　文

多年的管理经验告诉我，等到员工把离职说出口时才想到盛情挽留，往往为时已晚，《零成本留住核心人才》不仅唤起了我们对此问题未雨绸缪的意识，更提供了创新性的方法帮助管理者去和优秀人才进行"留才面谈"，这在面对个人对组织忠诚度不断降低这一挑战的今天有非常积极的意义。

凯洛格公司董事长　王　成

最让创业者和企业家刻骨铭心的事情也许就是：在最关键的时候，核心人才离你而去，要么去创业要么去竞争对手那里！更让人痛心的是，此时此刻，为了彼此的颜面，核心人才通常不会告诉你他离开的真正动因，包括他的去处。如果你不想再有这样的痛苦经历，请抓紧读这本极其务实的书！

HRoot 创始人、总经理,《人力资本管理》执行主编　唐秋勇

目前有关选才、用才与育才的书多不胜数，但关于如何留才的书却很少见。《零成本留住核心人才》是一本为企业中高层领导者量身打造的实战性图书，它将教会你如何留住手下的核心人才，让他们快乐工作，助你轻松突破因人才频繁流动而遭遇的业绩瓶颈！

HR 商学院 院长　胡华成

作为管理者，始终要明白，你的绩效最主要的贡献者是团队那些优秀的核心人才。如果让他们轻易流失，无异是自毁长城，明白了这点，你就会知道《零成本留住核心人才》这本书的价值。

《领导力》合著者　吉姆·库泽斯

在挽留和激励核心人才方面，没人比贝弗莉·凯和莎朗·乔丹－埃文斯更在行。如果你想知道如何留住高绩效员工，她们能给你提供最好的建议。

《零成本留住核心人才》这本书语言简练、直击要点，而且附有大量实用的精彩案例，确实是一本妙趣横生的精华之作。我极力向你推荐这本书。

畅销书《管理中的魔鬼细节》作者　马歇尔·古德史密斯

大凡经验丰富的管理者都有过这样噩梦般的经历：某件事情或某个项目正处于成败攸关的时刻，团队核心员工却突然向你递上辞呈。你能否未雨绸缪，避免发生这种状况？答案是肯定的！只要在你的案头放上本书并经常运用贝弗莉·凯和莎朗·乔丹－埃文斯创造的"留才面谈"方法，就能为你的团队营造一个更快乐、更高效的职场环境！

《一分钟经理人》《知道做到》合著者　肯·布兰佳

我很惊讶，世界上居然有那么多的经理人，直到手下得力干将递交辞呈时，才告诉他们自己有多么重视他们，希望他们能够留下。这些经理人真的应该好好读完这本书，然后用书中描述的面谈技巧，让人才继续愉快地留在公司，并维持良好的工作效率。

密歇根大学罗斯商学院伦西斯·利克特教席教授
RBL 集团合伙人　戴维·尤里奇

　　有些事情越简单越好。在挽留核心人才方面，贝弗莉·凯和莎朗·乔丹-埃文斯找到了一种非常简单、有效和实用的方法，那就是通过留才面谈，管理者能知道员工的真实需求，并帮助员工找到自信，最大限度地降低组织内核心人才的流失率。

MAQ 软件公司（全球知名创新应用软件公司）首席执行官
拉杰夫·阿加瓦尔

　　对全世界快速成长的组织而言，这是一本必读的教科书。

美国最佳案例研究中心创始人兼首席执行官、技能评分人
路易斯·卡特

　　这是一本既实用又有趣的书。如果你正准备提升与员工的互动水平，或者改善现有的绩效管理流程，又或者想知道如何挽留人才，本书会非常适合你。

美国礼来制药公司人才管理部副总裁　马克·费拉拉

　　在竞争越来越激烈的市场环境中，各层级管理者都要掌握留住团队中核心人才的有效工具，而《零成本留住核心人才》这本书正是这种工具！本书提供了一些极为有效的策略，指导管理者如何采取最有效的措施留住核心员工，并提升他们的敬业精神！

英格索兰公司（国际知名工程机械企业，旗下拥有"冷王"等著名品牌）
人才、领导力及组织发展总监、心理学博士　特洛伊·海耶斯

我曾与下属进行过留才面谈，我的上司也与我进行过留才面谈，因此，我能证明这是一种行之有效的方法。假如你是一名管理者，无论你带领的团队规模是大还是小，这本书都适合你。

基因泰克公司（全球第二大生物技术公司）**事业及学习部主管**
唐·克拉夫特

贝弗莉·凯和莎朗·乔丹-埃文斯再次给广大管理者带来了一本实用、易读且具有深刻见解的重要著作。《零成本留住核心人才》告诉我们，如何与员工进行简短、有效的持续对话，让他们感觉自己受到重视并产生成就感。这确实是一本管理者必备的实战手册。作为管理者，我们应不失时机地与下属进行留才面谈。

万豪国际集团全球领导力培养项目副总裁　蒂姆·托宾

贝弗莉·凯和莎朗·乔丹-埃文斯提供了一种非常实用的方法，可以帮助管理者在与员工进行关键对话之前做好准备，并充分利用这种对话获得你想要的信息。请细细品味本书，你将提升自己的领导效能，并在最大程度上激发下属的敬业精神。

米高梅大酒店＆赌场总裁兼 COO　斯科特·西贝拉

本书是两位作者继《留住好员工》（*Love'Em or Lose'Em*）之后

的又一杰作。在书中，作者提供了一系列简洁、实用的面谈指导，将极大地提升你留才面谈的效率。

"瞪羚企业"组织首席执行官　维恩·哈尼什

放眼全球，人才争夺战无处不在。因此，假如你手下有一流的员工，一定要想方设法留住他们。贝弗莉·凯和莎朗·乔丹-埃文斯创造的"留才面谈"方法正是管理者急需的实用解决方案，可以显著提高核心员工留任率。

任仕达北美公司（全球领先的人力资源服务公司）
人才管理部高级副总裁　米歇尔·普林斯

《零成本留住核心人才》是一本简单易懂的实战手册。任何管理者都可以借助书中所述的方法与员工进行沟通。留才面谈有助于管理者与员工保持良好的关系，并为公司留住优秀员工。

美国公共服务合作组织、政府转型与机构合作部门副总裁　蒂娜·宋

本书向读者提供了一些简单实用的工具。如果经常使用的话，可以增强员工对你的信任感，并让你所在部门的业绩十倍速提升。贝弗莉·凯和莎朗·乔丹-埃文斯让你没有任何借口不去实施有效的留才面谈。

特斯拉汽车公司员工发展部主管　贝思·勒伯·戴维斯

阅读本书之前，我一直以为聘用一个人之后，就不用再和他进行

面谈了。但这本书中简洁、实用的面谈理念和策略,给予了我留住人才的绝佳指导。

通用磨坊公司人才和组织能力开发副总裁　凯文·D. 王尔德

这本书是业界内关于留才面谈的开山之作,它能够帮助全球所有经理人改变他所面临的人才流失的现状。

推荐序

人才是盈利资本，而不是成本！

价值中国网总裁　林永青

我一直怀疑一个企业将人才视为成本的策略是否适宜。我相信随着知识社会的到来，人才已不是成本，而是最主要的知识经济创造者，或者说是企业的盈利资本。

《零成本留住核心人才》这本书的出版应该视为这种人才理念转变的一个开始。在当下的企业界，许多经营者习惯将员工当作公司的一颗螺丝钉，要求他们在工作时精确无误，稍不如意就将其替换。这种将人才视为成本的想法是工业时代的思维，企业要创造利润首先想到的就是降低成本，提高效率，人才成为企业不同时期调整利润的工具。

事实是这样吗？《零成本留住核心人才》的两位作者贝弗莉·凯和莎朗·乔丹 - 埃文斯告诉你：NO！公司的管理者远远没有意识到，

人才流失所带来的代价有多大！企业为一名重要的离职员工找到合适的替代人选，需要支出的费用竟然是这名员工年薪的70%-400%！而这仅仅是易于衡量的"显性成本"。此外，管理者用于招聘员工的时间，核心员工流失造成的工作延误，知识产权流失以及对工作氛围的影响，这些"隐性成本"损失并非通过在人才市场找一个替代者就能迅速解决。

既然人才流失的后果如此严重，那么如何才能留住核心人才呢？首先，在道的层面，要打破"将人才视为成本"的陈旧人才理念；其次要真正树立"以人为本，唯才是举"的"投知人"哲学。管理学之父德鲁克先生早就预测到下一个社会是知识社会，知识工作者将成为主要的劳动者。所有的产业形态也将从物质或资本密集型向知识密集型转化。区别于传统的工业社会，知识社会的核心竞争力是隐藏在知识工作者脑中的"隐性知识"，关于某一专业领域的经验、灵感和想象力，而这些东西只属于知识工作者本人，任何组织或个人都无法将之据为己有。

笔者观察到，随着互联网经济的兴起，社会价值交易的单元已经从传统的组织逐渐还原为个人。因此，一个拥有关键知识与核心技术的个体完全可以成为社会交易网络的重要节点，承担着越来越多的知识交易。当前诸多的自由工作者（如律师、理财顾问等专业人士）、自媒体人（网络红人）就是一个典型的代表。在这方面，笔者所在的价值中国网在进行大量的努力，致力于搭建一个社会化网络化的知识服务交易虚拟平台，建立知识服务交易的生态系统和交易规则,为加快中国知识服务阶层的形成而努力!

对于很多管理者而言,在"道"的层面认可核心人才的盈利资本地位并非难事,但是如何在"术"的层面抓住他们的心却总是难以如愿。这正是《零成本留住核心人才》一书的核心价值所在,这本书的两位作者在书中用大量的案例告诉管理者,应该通过"面谈"抓住核心人才的心。那么到底该怎么做呢?

首先,识人必先识心,那些优秀的核心人才有什么特征,他们又有哪些需求呢?

所谓优秀员工,即"清楚自己的工作使命和职责;沟通能力佳,具有积极的心态;可以在挑战、有压力的环境中发挥工作能力,并且愿意承担合理的风险及完成所交待任务的员工"。这是一个比较基本的特征。

那么优秀员工的内在需求是什么呢?归结起来大致有以下几项:个人能力被认可,有尊严感。即员工在公司得到充分的尊重,如其工作对公司业务有较大影响时,能参与公司业务决策。个人价值可兑现,有安全感。即员工可以根据其劳动付出获得公司给予的有竞争力的薪酬回报,能够保障体面的生活质量。个性特征被接受,有归属感。即员工的个人性格被公司所接纳,能够融入所在的环境,并收获愉悦的工作体验。

企业管理者如何满足员工的需求呢?一方面,管理者首先要发自内心地尊敬每一位核心员工,能倾听他们的声音,站在他们的角度思考问题,努力为他们创造能更好发挥自身潜能的外部环境。并且敞开心扉与他们进行交流,给予他们充分的信任和授权,从日常行为读懂他们的心,而不是等到提出离职时才匆匆挽留他们。

另一方面,沟通即管理,沟通的艺术决定了管理者的境界。一个优秀的企业管理者必须具备超强的沟通能力,掌握沟通的艺术,有效地传递信息、交流感情、增进默契。管理者要明确告知员工他所期望的结果以及授权范围;在员工遇到困难时,要帮助他们找到解决的思路,必要时给予适当支持;对于员工超出期望的表现要不吝嘉奖,对于员工的工作失误要以宽慰为怀,耐心地帮助他们分析查找问题;在员工迷茫的时候要分享信念,传递正能量。

高超的沟通技巧还表现为合理地选择面谈的时间、地点、方式和氛围。微软总裁鲍尔默平时非常留意收集公司100多位高管的信息,没事时常打开笔记本看看,为的是不论何时何地,在见到每个高管时都能准确地找到他们感兴趣的话题。鲍尔默的努力赢得了微软核心员工的尊重,让他们感觉到公司总裁在乎他们的每一个细节,这也是微软在业界独孤求败的独门秘笈与核心竞争力。

此外,沟通的艺术还体现为坦诚正直的同理心。管理者并不是总能与员工沟通一些愉快的话题,有些话题是具有挑战性的、尴尬的、令人不悦的。此时更考验一个管理者的情商和素质。例如,当员工提出加薪或者升职的要求时,即使不能满足他们也能心平气和地说明达成这个要求的难处以及你将做出的努力。但是沟通不是洗脑,良好的沟通以管理者与员工双方敞开心扉的对话开始,以言出行、行必果作为结束。对于员工而言,一个言出必行的领导比一个口若悬河、言而无信的领导要高大百倍、千倍！

除了满足需求外，帮助核心员工取得成功也是留住他们的捷径。无论何时，获得工作成就感和满足感都是职场人士最重要的选项。一个优秀的管理者总是善于发现团队中每位成员的优势，长于发掘他们的潜力。然后通过沟通协调，使不同成员为达成团队目标形成共识。换言之，一个优秀的管理者如能帮助团队成员获得成功，必将受到他们的爱戴，从而强化团队凝聚力，使核心人才更乐于留在团队！

《零成本留住核心人才》这本书来得非常及时，它告诉企业管理者，将员工作为成本，只会让你对公司的核心人才视而不见。一旦他们流失，你就要花更大的代价去寻找合适的人才。特别是经济不景气时，正是留住核心人才、实现企业价值转型的好机会。善待你们的核心人才吧，如果你想让你的企业在这个移动互联的时代走得更远，请您仔细读读这本书！

自 序

"如何才能让你留下来"

早在1997年,也就是我们的另一本书《留住好员工》一书首版发行前(该书英文版由旧金山贝瑞特-科勒出版社于1999年出版),我们就已经有了"留才面谈"这个概念。后来,在与某个企业合作的过程中,我们得知该企业的管理层很担心失去一些核心员工,于是建议他们问员工一个问题:"如何才能让你留下来?"然后,根据这个问题的答案来制订企业的留才策略。这似乎非常简单易行。不过,那时管理者很少就此问题直接向员工发问,即便询问也仅限于离职面谈时才提出这个问题,但为时已晚。

现在,各层级管理者都需要掌握一些便于理解和使用的领导力工具和技巧,而留才面谈正是这些工具之一。我们发现,真正实施留才面谈这一方法的管理者不仅留住了人才,而且还创建了越来越多尽职尽责的高绩效团队。有鉴于此,有些组织开始强制推行留才面谈活动,要求管理者必须向上级汇报从下属那里获得的信息。

留才面谈活动现在已经非常流行。如今，无论企业规模大小，众多企业中的管理者都普遍使用这种简单易行的方法。我们写这本书的目的，就是为了描述留才面谈的整个过程。书中会有相应的提示、案例和指引，教你如何应对员工提出的过分要求；同时，我们还会在书中与你分享一些管理者的故事，让你知道他们是如何运用留才面谈技巧使那些核心员工留在团队并全身心投入工作的。

本书所提出的理念非常简单，但如果你想让团队中的核心人才知道你重视他们、需要他们，并且希望他们不断地为团队作出贡献，这项任务并不简单。我们写这本书的目的，正是为了帮助你完成这项任务。

贝弗莉·凯

莎朗·乔丹-埃文斯

目　录

导　语 | **什么是留才面谈？　1**

留才并非要求你像抓救命稻草一样紧紧抓住核心人才不放。你可以不断地激励他们，让他们一想到为你工作就觉得兴奋。

让他们亲口说出留下来的理由　3
阅读与思考：你要留住什么样的人？　7

第1章 | **留才面谈，有这个必要吗？　11**

企业为一名重要的离职员工找到合适的替代人选，需要支出的费用高达这名离职员工年薪的70%~400%！尽快与你团队中的核心人才面谈吧，鼓励他们留下来，就能避免人才流失造成的高额成本损失。留才就是留财！

惊人的显性离职成本　14
隐性离职成本更高昂　15
阅读与思考：留才面谈工作表　19

第2章 | **面谈，是一门科学更是一门艺术　21**
你越了解他，就越不能失去他！

一次愉快的留才面谈是提问和倾听的完美结合。作为管理者，请将你的真心关怀和好奇心融入到面谈过程中。在面谈中，要仔细倾听他的话，留意他面谈时透露出的关键词。你会惊讶地发现，你越了解他，就越不能失去他！

留才面谈的种种误解　24
我们最常提的一些问题　25
有助于面谈效果的开场白　27
学会听话听音　30
面谈是艺术与科学的结合　33
阅读与思考：留才面谈为什么能留住人才？　34

第3章　打消你的面谈顾虑　37

四步流程法让你面谈时轻松自如

　　假如你正准备与你的团队中的核心人才面谈，同时担心无法满足他们提出的苛刻要求，那该怎么办？别急！四步流程法一定能帮到你，让你能充分掌控面谈的效果。

别让忧虑因子作怪　39
应对苛刻要求的四个步骤　41
阅读与思考：管理者如何让面谈更有成效？　48

第4章　清除你的面谈隐忧　53

各种面谈技巧让你面谈时游刃有余

　　担心员工面谈时沉默无语？怕他们质疑你的面谈动机？……所有担心都是多余的！在这里，你将学会如何见招拆招，无论爱戴你的还是难缠的员工，都会为你的面谈技巧而折服！

假如问员工需要什么，而他的答案是"我不知道"，该怎么办？　55
担心自己将个人想法强加给员工，该怎么办？　56
假如员工质疑面谈动机，该怎么办？　56
假如我不擅长提问，怎么办？　57

假如真的希望员工离职，该怎么办？　57
假如因员工文化差异不敢提问，该怎么办？　58
假如与员工存在年龄、性格或其他差异，该怎么办？　59
假如员工只看重钱，该怎么办？　60
所有担心都是多余的　61
阅读与思考：12招增强你面谈的倾听技巧　63

第5章 营造互信的面谈氛围　69
有信才有爱，有爱才能留才

管理者与员工之间的信任感至关重要。信任感如同在你和核心人才之间铺设了一条管道，能够让双方进行坦诚而富有成效的交流，而这种交流反过来又会建立更多的信任感。

互信是面谈的基础　72
你的可信度有多高？　73
与信任感相关的真相　75
信任的回报　78
阅读与思考：留才，从员工进公司的第一天就做起！　80

第6章 慎重选择面谈时机　83
时机对，效果才会好

今天，留才面谈已经成为管理者的一种日常行为。这也意味着管理者要灵活地掌握面谈的方式、时机和场合，花点儿时间跟那些你不能失去的人才好好谈一谈吧。

面谈时机　86
面谈次数多多益善　91
阅读与思考：留才，先培育人才　93

第 7 章 警惕员工的反常行为　95

凡事必有因，请于细微处见端倪

　　实际上，员工离职之前有很多蛛丝马迹，关键在于你知不知道在哪里寻找这些线索，它们隐藏在员工的一些行为表现和职场状况中，如果不加改善的话，这些状况会一步步推动员工离职。

换位思考　98
离职前的蛛丝马迹　102
你是否保持了警惕？　104
阅读与思考：11 招教你识破即将离职员工的表现　106

第 8 章 积累你的面谈技巧　111

面谈次数越多，对面谈的掌控就越得心应手

　　"留才面谈很容易开始，过程更简单。"只要快速学会面谈方法，定期加以运用，你就会找到自己最擅长的开场白和面谈的最佳场合。当然，还有你提出的最有效果的问题。

试试运用"第六感"　113
找到共同语言　114
留才面谈技巧练习　116
提问、提问、不断地提问　119
没错，熟能生巧　122
阅读与思考：留才面谈时的技巧&要点　124

第 9 章 触动面谈者的内心　131

面谈是心与心的沟通，留人就要留心

　　留人要留心！如果你希望那些优秀员工继续留在团队中，并且已经与他们进行了留才面谈，就要真正付出行动，让他们看到你留才的诚意。

留才面谈并非提升员工敬业精神和降低人才流失率的唯一手段,但它是实现这一目标的基础。不进行面谈,你根本不了解核心人才的真实想法。所以,别再瞎琢磨了,亲口去问问他们吧!

精彩的留才面谈案例　133
哪些经验值得借鉴?　137
行动是留才的关键　138
如何说服对面谈有异议的人?　139
高调收尾　140
阅读与思考:名企留才有哪些高招?　143

后记　留才面谈需要真诚,更需要持之以恒　147
致谢　149
与本书相关的技能训练　153
非同凡想的插画师　157

INVITATION

导　语

什么是留才面谈？

留才并非要求你像抓救命稻草一样紧紧抓住核心人才不放。你可以不断地激励他们，让他们一想到为你工作就觉得兴奋。而且留才面谈的方法很简单，就是管理者勤于开口提问。你只要告诉员工什么东西是最重要的，然后和他一起努力实现这个目标就可以了。

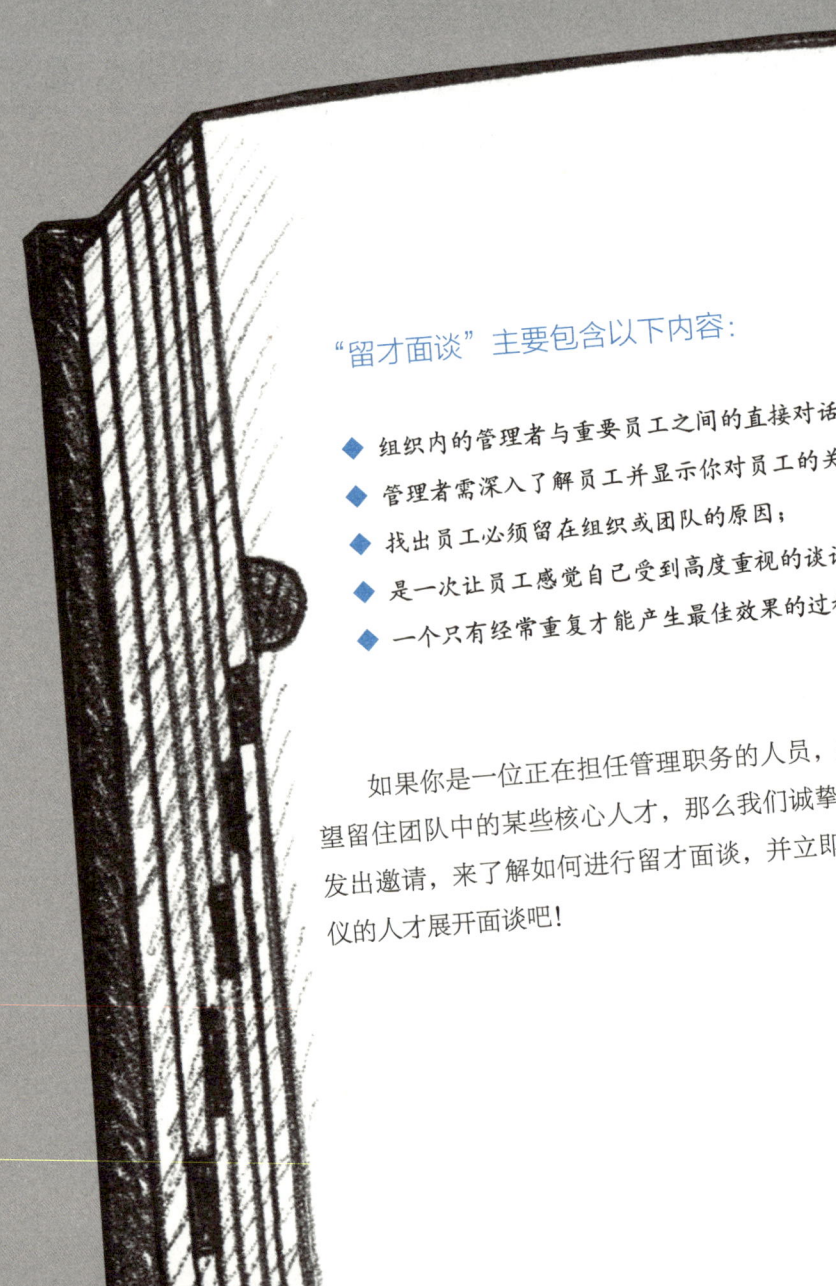

"留才面谈"主要包含以下内容：

◆ 组织内的管理者与重要员工之间的直接对话；
◆ 管理者需深入了解员工并显示你对员工的关爱；
◆ 找出员工必须留在组织或团队的原因；
◆ 是一次让员工感觉自己受到高度重视的谈话；
◆ 一个只有经常重复才能产生最佳效果的过程。

如果你是一位正在担任管理职务的人员，并且希望留住团队中的某些核心人才，那么我们诚挚地向你发出邀请，来了解如何进行留才面谈，并立即与你心仪的人才展开面谈吧！

导　语 | 什么是留才面谈？

邀请函

邀请时间：今天
被邀请人：任何正在担任管理职务的人
邀请人：贝弗莉、莎朗
主题：留才面谈

现在，我们来模拟一次管理者与员工面谈的情景。很多管理者有时候也会问团队中的核心人才："我应该怎么做，才能让你留下来？"那么，大多数管理者会在什么时候问这个问题呢？你猜得没错，在离职面谈时。尽管这个问题问得很好，但等到人才离职时再问就为时已晚了。

如果你真心希望这些人才留下来，或者至少多干一段时间，建议你早点儿提出这个问题。他们不但是你的得力助手和顶尖人才，也是团队的中坚力量，每天尽职尽责地完成你交办的工作，你的竞争对手做梦都想挖走他们。如果这些人才流失，将是你莫大的损失！

让他们亲口说出留下来的理由

留才并非要求你像抓救命稻草一样紧紧抓住核心人才不放。你

可以不断地激励他们，让他们一想到为你工作就觉得兴奋。不过，你要找出让他们留在团队并保持高昂斗志的原因。

如果你还没有进行过留才面谈，你就只能猜测你的核心员工想从你这里、团队和工作中获得什么。但你的猜测也许是错误的。在一名成功管理者的实战手册中，留才面谈只是诸多策略之一，但在聘用人才、激励人才、认可人才和留住人才的过程中，它绝对是一个最基本的手段。

留才面谈的方法很简单，就是管理者要勤于开口提问。然而，大多数管理者不想与员工进行留才面谈（而且他们的上司也没与他们进行过留才面谈）。为什么呢？通常是因为害怕听到答案。

这些管理者可能会问："假如我问手下的核心人才，怎样才能让他们留下来，而他们的答案是升职或加薪，那我该怎么办？"问得好！所以，在与员工进行的这场最重要的对话当中，管理者害怕无法满足对方提出的要求，这就是留才面谈的最大障碍。

你是不是也遇到过这种障碍？别急！**本书将教你一种简单易行的"四步流程法"**，当你的员工向你提出一个难以满足的要求时，你可以通过这个流程的四个步骤完全掌控面谈的效果。它简直如魔法一样有效。

即便你手下只有一名员工，我们敢打赌，你对他至少进行过一次留才面谈。可能你并不把这个过程称为"留才面谈"，或者没有想到这是留才面谈。但毫无疑问，你想通过这个过程达到以下双重目的：

导　语 | 什么是留才面谈?

1. 让你的核心人才知道你多么器重他。
2. 找到能让他留在团队并全身心投入工作的切入点。

其实,这个过程就是留才面谈!它一点儿也不复杂。你只要告诉员工什么东西才是最重要的,然后和他一起努力实现这个目标就可以了。

也许你会想:既然这事儿这么简单,那你们为什么要用整整一本书来阐述它?问得好!答案很简单,因为许多管理者要求我们这样做。在《留住好员工》这本书中,很多管理者开始接触"留才面谈"这个概念。这些年来,他们一直要求我们深入探讨这个话题,以帮助他们达成以下目标:

◆ 更好地理解留才面谈的原理。
◆ 如何快速、轻松地为这些重要对话做好准备。
◆ 如何有效地应对员工突然提出的苛刻要求。
◆ 如何与不同文化背景团队中的优秀员工进行对话。
◆ 真正享受而非害怕这个对话的过程。

我们特意把这本书设计成手册的样式,就是希望它成为一本便于使用的参考工具书,能够让你随时翻开看一看。本书不但适合那些工作繁忙、日程紧凑且肩负沉重业绩压力的管理者,也适合专业招聘人员。在招聘人才时,招聘专员往往会和管理者一起对人才进

行筛选、面试,并最终选定一名既符合要求,又能为企业长期效力的人才。

我们邀请你花点儿时间对员工进行留才面谈,并将你所学到的知识运用起来。假如你希望团队中的核心人才能发挥最大潜能并长期效力,请尽早与他们进行这些对话,而且要经常重复做这件事。这样,你会越来越了解团队的成员。这也算是一种投资回报。这会带来什么结果呢?结果就是你和你的团队工作效率、创造力和目标达成率以及企业文化认可度不断提升。

阅读与思考

你要留住什么样的人?

在全球化、知识化的时代里,如何管理高绩效的核心员工,使其充分发挥潜力与工作效率,是企业经营成功的关键。

许多企业都知道留住人才的重要性,但究竟谁是人才?人才在想什么?需要什么?关于这一点,大家可能并没有很清楚地去定义和了解。因此,常有企业不断强调要留住人才,却也只能眼睁睁地看着人才不断流失而无能为力。要真正留住人才,首先要将高绩效的"优秀员工"定义出来,然后为其量身打造留才方案,以便有计划地留住优秀员工。

所谓优秀员工,即"清楚自己工作的使命和职责;沟通能力佳,具有积极的心态;可以在有挑战、有压力的环境中发挥工作能力,并且愿意承担合理的风险及完成所交待任务的员工"。

但是,对企业而言,如果将优秀员工泛称为"人才"显得太笼统。比如,知名电脑公司惠普特地将"人才"分成几类。这些分类包括:

专业人才 懂技术,如财务、研发人员等,对专业领域很了解,所具备的职业技能集中于某一专业领域,或对某一行业有很深入的了解；具有创新能力，乐意接受改变，具有开阔的思维与团队精神。

　　管理人才　能为员工塑造愿景，有能力制订挑战性的任务；启发员工，协助员工达成工作目标，能够激发员工士气的人才。

　　业务人才　能够为组织带来业务的人，了解复杂产品，懂得促销和销售技巧。

　　综合能力人才　具备前述两项以上能力的人才。

　　但是要留住人才，只是定义人才并将其找出来还不够，还必须去"读心"，了解人才的心里究竟在想什么，需要什么。针对他们的需求提出留才方案，才能真正留住优秀人才，并使他们发挥应有的作用。

　　很多人认为"重赏之下必有勇夫"，以为只要拿出高薪，不怕找不到人才。事实上，根据许多人力资源调查机构统计，很多人才虽然在口头上要求合理的薪资福利，心中却有许多"无形"的需求。

　　很多优秀的人才都希望受到别人的认同，希望了解组织对他的期待。此外，他们还希望有良好的工作环境，希望工作内容有趣，有挑战性，并能够有表现的机会。

　　优秀的人才并不会自以为是，相反，他们希望时时接受好的主管的指导。当然，他们更希望有成长的机会，并在职业生涯中有机会被提升至更高层次。

　　根据惠普公司的调查，大约有50%以上的人才离职，是因为对直属上司的管理方式、策略方向不够认同或不满意。由此可见，主管的领导能力、教导能力对员工而言有多么重要。

在惠普公司有一项名为"聚一聚"的传统活动，即要求主管在一个月内，至少与员工坐下来谈 1~2 次。"聚一聚"可不是闲聊或漫无边际的空谈，"聚一聚"的内容至少涵盖下列 3 个重要因素：

1. 主管向员工说明公司经营业务现况。如团队成功故事；最近的产品有哪些强势，赢在那里；部门未来目标及工作优先顺序等。
2. 与员工个人相关的主题。如公司内部的奖励计划、薪资计划及澄清小道消息等。
3. 向员工表达谢意及认同。

此外，很多调查也发现，现在的员工除薪酬福利外，相当重视工作生活的平衡。也就是说，企业在让员工发挥工作潜能的同时，也应为其提供有品质的生活保障。

WHY BOTHER?

第1章

留才面谈，有这个必要吗？

无数的事实证明：企业为一名重要的离职员工找到合适的替代人选，需要支出的费用高达这名离职员工年薪的70%～400%！尽快与你团队中的核心人才面谈吧，这样能更好地了解他们的优势、特点及内心真实的想法，也足以显示你对他们的尊重和关心。更为重要的是，鼓励他们留下来，就能避免人才流失造成的高额成本损失。留才就是留财！

WHY
BOTHER?

第1章 | 留才面谈，有这个必要吗？

"费这心干啥？留才面谈对我有啥好处？"提到留才面谈，这可能是大多数管理者的第一反应。确实，你很忙，现在可能是你人生中最繁忙的阶段。你心中想的可能是：手中"待办事项清单"上一长串要做的事情已经要忙得晕头转向了，何必没事找事呢？留才面谈既费时间又费精力，真的有意义吗？

其实管理者有上述想法并不奇怪，因为他们未深刻领悟到，通过留才面谈能达到以下目的：

第一，它可以帮助你更好地了解你的团队成员。

◆ 他们有何优势或独特之处？
◆ 他们能为团队带来哪些贡献？
◆ 他们内心的真实想法：希望在哪些方面获得更多，或者在哪些方面希望减少？

第二，它可以显示出你尊重他们、关心他们。当然，前提是你真的关心他们。

第三,鼓励他们留在团队中。

◆ 失去他们的代价是很大的。你一定希望他们全身心留在团队中,正好借此机会向他们传递你喜欢与他们共事的愿望,激发他们为你效力的意愿。

◆ 你还可以让他们明白:你希望他们为团队充分贡献自己的创造力、活力和才华。

惊人的显性离职成本

你或许已经看过相关数据。这些数据会告诉你,当一名核心人才离开你的团队时,代价有多么大!无数的事实证明:企业为一名重要的离职员工找到合适的替代人选,需要支出的费用竟然是这名员工年薪的70%~400%!在这部分成本中,易于衡量的部分通常被称为"显性成本"。

作为一名管理者,请你回想一下,为找到一名最近离职的核心人才的替代人选,你的公司付出了多少成本?你是否要做以下事情?

◆ 在人才市场的招聘广告栏或专业求职网站上发布招聘信息
◆ 聘请猎头顾问帮助选才
◆ 支付招聘佣金
◆ 支付求职者的面试开销,比如住宿费、餐饮费或机票费

第1章 | 留才面谈，有这个必要吗？

- ◆ 向新人承诺支付高额的薪酬或入职奖金
- ◆ 向新人发放安家补贴

隐性离职成本更高昂

除了不菲的显性成本，人才流失成本中更难以衡量的是隐性成本。因为隐性成本包括士气受损、人心浮动等微妙影响。你了解哪些隐性成本？对照以下这些描述，想想你和你的团队是不是付出了不应该付出的代价？

花大量时间面试新员工

核心人才离职后，要找到一个能替代他工作的合适人选，你必须花大量时间面试应聘者。假如省下这些时间，你可以做更多重要的工作，比如规划团队建设、会见重要客户、讨论产品方案、组织团队活动、与团队成员沟通和交流、指导成员工作等。

工作效率开始下降

从核心人才决定离职的那一刻起，就意味着你开始做冤大头了。此时，他们脑中所想的已不再是为你工作，而是忙于更新自己的简历、搜寻网上的招聘广告、流连于社交媒体、回复潜在雇主的邮件等，然后面试，并最终接受新的工作。他们的离去对你而言真是亏大了，看到这些，你还怀疑留才面谈的作用吗？

工作延误，加大在职者工作负荷

团队的工作量并不会因为员工的离开而减少，原来由他们承担的工作只是被暂时搁置或重新分配，直到有合适的新人来接手。但在大多数情况下，合适的替代人选一时半会儿难以找到，只会加重暂时接手的在职者的工作负荷。结果，所有留下来的人疲于应付，士气低落。

离职效应不断蔓延

团队中一旦有人离职，其他人就会效仿。尤其是核心人才一旦找到更好的去处，他们就会联络之前的同事，以自身经历引诱他们跳槽。这种情况在目前的职场越来越常见，特别是年轻员工，因为他们非常重视职场发展空间和友情。

离职者不但带走自己的工作经验，甚至会带走你的客户

设想一下，当你跳槽时，是否会将和你关系良好的客户一起带走？这让你离开的组织付出过哪些代价？还有，核心人才流失时，和他一起离开的还有他的工作经验和长期积累的专业技能。仔细想想，你能承受这种损失吗？好好算算这笔账吧！

新人很难迅速上手

你要花多长时间才能教会新人上手？新人要花多长时间才能融

入团队并找到正确的工作方向，比如轻松地与客户交流、与其他业务部门协调，或者了解如何将一个创意付诸实施？与此同时，整个团队都会因新人的加入而额外承担巨大的工作量。这代价会有多大？

新人不一定符合要求

这是更换核心人才后的一大潜在风险。如果新人不具备离职者所拥有的沟通技能或专业知识，当然就不会有太高的工作效率。想一想，这又将付出多大代价？

现在，来算算账吧

一旦核心人才离职，团队中没有合适的人选执行某项工作时，身为主管的你只有亲自冲上一线，扮演救火队员的角色。即便如此，你也分身乏术，只能解决部分迫在眉睫的问题，也只能承担有限的工作。下一次，当你还怀疑留才面谈是否值得付出这么多时间和精

力时，可以先给自己算算账，计算一下人才流失的显性成本和隐性成本。算清楚后，再将你的核心人才叫到你的办公室，找出那些能让他们留在团队并全身心投入工作的切入点。

想知道具体该怎么做吗？请你继续往下看！

阅读与思考

留才面谈工作表

作为管理者，在员工离职时，对如何与其进行离职面谈的流程、方法一定要十分熟悉。但是，对于平时如何持续性、经常性地与优秀员工进行留才面谈，你可能从未考虑过。下述"留才面谈工作表"正是针对主管留才时应如何与员工面谈而设计，以便主管在留才面谈时使用。你可以使用本表，在员工萌生离职念头前就进行面谈，从而避免优秀员工离职。

"留才面谈"工作表
你对什么最感兴趣？（这个问题可以鼓励员工思考其主要兴趣所在。接下来，你可以展开探讨，分析员工当前岗位可以在多大程度上与其主要兴趣有效地结合起来。）
是什么在激励着你？（这个问题旨在了解工作回报价值观。越来越多的员工认为，除高薪之外，还有许多其他很重要的因素让其全身心投入工作。这一点在经济繁荣时期尤其如此，因为丰厚的报酬很容易获得。注意：切勿想当然地认为你所看重的工作回报，员工也会同样看重。）

（续表）

例如：如果确知某员工把家庭生活放在第一位，那么，提供灵活的工作时间安排，可能会赢得其对工作的忠诚度。另一名员工则可能希望有周期性休假，去旅游或从事公益活动，比如为社区做义工。
你最擅长什么？（这个问题可以帮助员工评估自身技能。接下来你可以展开探讨，分析员工当前职务在多大程度上与其技能对口，或在多大程度上为其提供了"拓展"机会。然后你可以详细说明任何必要的技能拓展计划。）
你的短期目标是什么？（面谈期间，确认这些目标在多大程度上能够与当前的职位特点相匹配。随着时间的推移，留意它们发生了什么样的变化，从而可以帮助员工不断进步。通过监控目标变化，你可以了解员工的类型：被动型、稳健型、创造型等。）
你的长期目标是什么？（如果答案需要员工具备当前所不具备的技能，请提出适当的培训或拓展机会。）
你的短期目标如何服务于长期目标？（你初次问这个问题的时候，员工可能无法给出答案。但这个问题会促使员工开始思考如何从 A 点到达 B 点，这个 B 点有益于其职业生涯，而且能在他们当前的工作中派上用场。）
你需要我提供什么帮助？（我或公司怎样才能提供帮助？提出这个问题是很有力的一步，你可以向员工表明，你关心其未来及个人发展。此外，你还可以得到所需信息来更好地管理员工。）

IS IT ART OR SCIENCE?

第 2 章

面谈,是一门科学更是一门艺术
你越了解他,就越不能失去他!

与核心人才的留才面谈,究竟要采取很温馨的艺术方式还是很严谨的科学方式?其实一次愉快的留才面谈是提问和倾听的完美结合。作为管理者,请将你的真心关怀和好奇心融入到面谈过程中。在面谈中,要了解核心人才留在团队的动力是什么,并且仔细倾听他的话,留意他面谈时透露出的关键词,然后顺藤摸瓜,进行更深入的探讨。你会惊讶地发现,你越了解他,就越不能失去他!

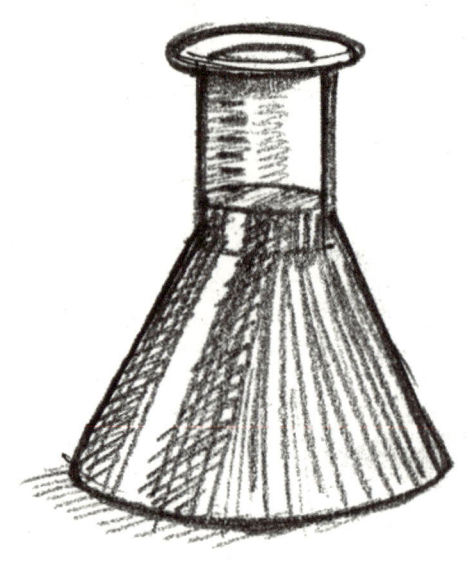

第 2 章 | 面谈,是一门科学更是一门艺术

让很多主管困惑的是,与核心人才的留才面谈,究竟要采取很温馨的艺术方式还是很严谨的科学方式?结论是:一次最佳效果的留才面谈是以下两项的完美结合:

你的面谈对象:这取决于主管的真诚、工作态度和思维方式,以及与面谈对象的信任度。

面谈流程、使用的工具及步骤:这也是本书此处重点讲述的内容,以及使面谈发挥最大作用的关键。

一般而言,要进行一次愉快的留才面谈,身为主管的你不但要对你的面谈对象付出真诚的关怀和保持好奇心,还要根据你的个人风格及所了解到的面谈对象的风格提出恰当的问题。此外,要预判你的面谈对象会向你提出什么样的问题,并精心准备应对他们可能提出的任何苛刻要求。当他们告诉你最关心的问题时,要认真地倾听他们的要求。倾听他们的要求是为了更好地理解他们的要求。理解他们的要求后,你必须有足够的诚意回复他们的要求。

留才面谈的种种误解

在很多管理者的潜意识里，对留才面谈存在诸多误解。

◆ 有的管理者认为，留才面谈就是与员工一年进行一次谈话，但真的是这样吗？

◆ 有的管理者认为，留才面谈就是与员工进行一年一度的强制性绩效考核谈话。在绩效考核谈话中，管理者要列举出面谈对象在哪些方面做得好、哪些方面仍有不足，希望他们下一年度如何改进。

◆ 其实，留才面谈应该包含上述各种对话的基本要素。当你向面谈对象提出诸如"怎么做才能让你留下来？"这样的问题时，他的回答也许会引发关于个人事业、业绩或学习机会的讨论。在这样的背景下，这种对话通常会突破主题，逐渐深入到工作与生活的平衡、如何应对团队成员之间的冲突，或者其内心真实想法（如想从你这里得到什么）等方面。

"怎么做才能让你留下来？让你想离开团队的原因是什么？"这是留才面谈时最有力的两个问题，是所有问题的源头。对于你希望留住的团队核心人才而言，这两个问题所产生的影响不可估量，你会为自己所了解到的新信息而感到惊讶。除非你曾经提过这些问题，否则你不会相信它们的威力。

除了这两个问题之外，后面还有其他数十个绝佳问题可供你面谈时使用。至于使用什么样的问题则取决于各种特定因素，例如你与面谈对象的关系、企业文化、当前形势、谈话目的、你的放松程度以及你的面谈经验等。

我们最常提的一些问题

以下是我们写作本书时，面对大量访谈对象时，最喜欢提的一些问题，以及我们提出这些问题的原因：

"什么样的工作能让你每天迫不及待地起床？"

这个问题非常生动形象。你的员工听到这个问题后，一定会思考究竟什么事情会让他一想到上班就非常兴奋。这个出人意料的问题，可以测试他们对工作的满意度，而且往往会引出很多有趣的回答，例如"我正在做的项目""见我喜欢的客户""处理一个工作上的难题"或者"我喜欢我的同事"等。借助这个问题，你将会更加了解你的员工。

"什么事情让你一想到上班就兴趣索然？"

想要了解某位员工在日常工作中最讨厌哪些事情，那这个问题就再适合不过了！他们对这个问题的回答是各种各样的，而且能给你提供很多有用的信息。

例如，一名员工说："我就是不喜欢早起。"面对这个答案，或许你在他的上班时间这个问题上可以更人性化一点儿，比如允许他在家抓紧时间看电子邮件，错过早上交通高峰期后再上班。

或许，另一名员工说，他讨厌在周一早上开例会，于是他故意慢吞吞地步行上班，以尽量拖延时间。针对这种情况，你是否能把早会开得短一点儿，时间安排得合理一点儿，或者把例会放到另一个时间段开？

"假如你买彩票中了大奖，打算辞职，目前工作中最值得你怀念的是什么？"

谁不梦想着中头彩？但说实话，在快要离职时，我们大多数人都会怀念曾经工作过的地方的点点滴滴。许多员工可能会回答："最让我怀念的是同事。"可是，那些在职的人却经常忽略身边的同事！想想看，能够知道别人想要什么，这是件多么重要的事情。

"你今年有哪些提升自己的学习计划？"

对方可能会回答："不，我今年什么也不想学"（希望你的团队中没有这种员工）。这个问题可以引出一些非常精彩的答案，能帮助你大致衡量出员工的求知欲，并且让对方脑海中浮现出一些改进工作方式的想法。

"你在工作上的付出与收获是否成正比？"

哇，这个问题非常给力！作为员工，你的答案是什么？作为管理者，通过这个问题的答案，又可以了解到你的员工哪些方面的信息？

管理者最喜欢问的问题

以下是我们写作本书时，通过访谈大量管理者后总结出来的问题：

第 2 章 | 面谈，是一门科学更是一门艺术

- "假如你有一根魔法棒，你最想改变这个部门、这个团队或这个组织中的哪种事情？"
- "作为你的经理，你认为我应该增加哪方面的工作，或减少哪方面的工作？"
- "我们该怎么做，才能帮助你实现自己的职业目标？"
- "对你来说，工作的重要性有多大？为什么？"
- "你要怎样做，才能度过快乐的一天？"
- "你是否获得同事们的高度认同？你喜欢被别人认同吗？"
- "你上一次说'我喜欢这份工作！'是什么时候？今天早上？上周？你记不得是在什么时候了？"
- "在接受这份工作前，你希望获得哪些信息却一直没得到？"
- "这份工作是否曾带给你意外的惊喜？"
- "如果你有一位朋友想来这里工作，你会对他说些什么？"

事实上，在现实中不乏聪明又有人情味的管理者。例如曾有一位管理者问他的员工："你最喜欢哪种糖？"然后，每当这名员工出色地完成工作而管理者想表扬他时，总会当着员工的面拿出那种糖。用这样的策略提高员工的敬业精神，你觉得效果如何？

有助于面谈效果的开场白

现在，当你阅读到本书此处时，肯定对与你的核心人才员工进

行留才面谈极为感兴趣,而且跃跃欲试。如果你还要求我们分享一些有助于面谈效果的开场白,我们也乐意效劳。根据留才面谈的不同目的以及你希望从面谈者那里了解的不同信息,我们把常用且有效的开场白分为以下不同类别。

赋予面谈对象主动权

- ◆ "我想知道,你希望探讨哪方面的内容……"
- ◆ "让我们一起安排一下面谈时间如何……"
- ◆ "我希望你在这次面谈后能主动找我聊聊……"

再次确认你知道的事情

- ◆ "从我们之前的谈话来看,似乎……"
- ◆ "似乎你真的很想……"
- ◆ "上一次我们谈话时,你提到……"

探讨一些全新的话题

- ◆ "如果能更好地了解……那对我的帮助真是太大了。"
- ◆ "我们还从来没谈论过你的……"
- ◆ "你知道吗,我真的不知道你如何才能……"

要求付诸行动

- ◆ "假如要你做某件事,那会不会让你……"

- "假如你……，那将会……？"
- "要是我能……那将会如何？"
- "要是你能……那将会如何？"
- "假如周围什么都没改变的话……"

了解对方的态度或感受

- "那么，你对……有什么看法？"
- "如果要你承担……的话，你会怎么想？"
- "如果……的话，你的看法会不会有所转变？"

确认对方是否认可某种观念

- "那么，如果我……的话，你是否会……？"
- "那么，如果我们……的话，那是否会增加你的……？"
- "请让我重申一遍：我们说的是……"
- "你是否决定……？"

作为管理者，面谈时如何提问很重要，但如何倾听问题的答案更重要。除了倾听之外，管理者对面谈对象的回应（口头和非口头回应）最为关键。绝对不可以不假思索地告诉对方"这不现实"或"请告诉我你为什么值这个价"。类似于这样的回答只会破坏面谈效果，让对话戛然而止。而你的谈话对象可能会从此变得沉默不语，甚至不再吐露心声。相反，你要对员工说实话，告诉他你

不能答应他要求的真实原因,同时,要显示出你很关心他,会竭尽全力地为他着想。然后,要深入探讨及寻求适用于你们双方和公司的问题解决方案。

学会听话听音

与别人交谈时,是否很多人认为你是一个善于倾听的人?如果是的话,你可以跳过本节内容;如果不是的话,请继续往下看。

要实现高效管理,管理者必须学会主动倾听员工的心声,这是人所共知的事实。因此,培养主动倾听的技能,是每个领导力培训课程的核心内容。

但是,在实际工作中,很多管理者还是不断地为如何倾听而纠结。有些人因为缺乏足够的实践,或者从未认真总结过倾听效果;有些人则可能工作太忙碌,因此没有耐心倾听别人说话。掉入这些陷阱的管理者,通常依赖于自己的主观判定,然后武断地作出结论。也许这样做能节省时间,但常常会错失某些关键信息,或者听不出别人的言外之意。

对此,我们建议你耐心地倾听别人的谈话,并且一定要学会听话听音。当你的员工回答问题时,要留意他话语中一些稍纵即逝的信息,然后沿着这些信息顺藤摸瓜,继续提问。接下来,我们设计了一个情景案例,看看管理者是如何用这个方法与员工进行沟通的。

第 2 章 | 面谈，是一门科学更是一门艺术

管理者：今天哪件事让你最难忘？

员工：当我解决了一个复杂问题时，会感觉自己非常棒。为了解决这个问题，我会找同事问个水落石出。

从后者的回答中，你听出了哪些弦外之音？哪句话让你非常感兴趣，让你有继续深入探讨的冲动？有人说，这个例子里面的弦外之音是"复杂""问题"或"复杂问题"，还有的人认为是"找同事"。其实，这几个都是关键词。

下面，我们再看看这名管理者是如何利用弦外之音，然后进一步关注对方答案中的潜在话题并不断提问，与员工深入沟通的。

管理者：多说说你为什么这么喜欢解决难题吧。不是每个人都喜欢解决难题，你这爱好是从什么时候开始的？

员工：我想，我是从小时候开始喜欢解决难题的。我小时候很喜欢玩风靡一时的智力游戏，比如鲁比克魔方。有时，我会和朋友一起玩魔方；有时，我们会比赛，看谁先完成。

管理者：嗯，也就是说，你从小就学会解决难题和面对竞争了。那么，你是如何把这些经历融入到你目前工作当中的呢？

员工：首先，在这份工作中，我体会到很多玩魔方的感觉！而我的同事们会经常帮我解决问题。这种感觉很棒，因为当我和别人合作时，就会有一种快乐的感觉。

上面案例中的这位管理者有很多可以延伸的话题。但是，倾听的秘诀在于：不要急于将正在进行的话题马上转移到另一个完全不相干的话题，而是将一个话题进行到底，听清话题中的关键词，然后不断深入探讨。在这样的交流当中，员工会觉得你在倾听他的话，而且会加深彼此的了解。

有位管理者曾经问我们："假如我提出一个错误的问题，又弄错了关键词，那该怎么办呢？"别担心！你的谈话对象会帮你纠正错误的。接着看下面的例子。

管理者：那么，你更喜欢团队作战，而不是单打独斗。要是这样的话，你希望团队合作占你工作的比例有多大？

员工：嗯，这要视情况而定。如果一个问题相当简单，我宁可自己一个人干净利索地立即解决。但问题很复杂时，我希望和别人一起解决，因为俗话说得好："三个臭皮匠，顶个诸葛亮"嘛。

管理者：很好。你这番话让我受益匪浅。我们继续聊一聊，你喜欢在哪些项目上进行团队合作？或者喜欢在哪些项目上单独作业？

请注意，上面案例中的这位管理者在深入话题时是如何提出开放式问题的。开放式问题通常是以"如何""为什么""何处""何时""请告诉我关于……的事"等词汇或句式开头的。提出开放式问题的目的在于避免"是"或"不是"这样的答案,因为这种答案通常会把谈话引入死胡同。以开放式问题深入话题时,你会越来越了解员工。与此同时,他们会觉得你在用心倾听他的话语,并坚信你关心他的兴趣点和目标。

学会听话听音这个技巧,能引导你设身处地地理解对方处境,在最大程度上倾听对方的话语。但是管理者在寻找谈话关键词时,千万不能时而投入、时而漫不经心。(题外话:请在家里试试这种方法。你的爱人、孩子和朋友一定会为你变成一个善于倾听的人而感到惊喜。)

面谈是艺术与科学的结合

一次愉快的留才面谈是艺术与科学、提问和倾听的完美结合。这个过程并不难,尤其当你与你的面谈对象彼此感兴趣时。另外,作为管理者,请将你的真心关怀和好奇心融入留才面谈过程中。要对核心员工充满好奇心,询问他留在团队的动力是什么;要仔细倾听他的话,留意他面谈时透露出的关键词,然后顺藤摸瓜,进行更深入的探讨。你会惊讶地发现,越深入了解核心员工,就越不能失去他!假如你现在觉得这是一种可行的方法,但仍然心存疑虑,那就请继续往下看。

 阅读与思考

留才面谈为什么能留住人才？

员工留任的问题正越来越受到重视，因为在今天的职场，一旦管理者激怒了核心员工或者降低了他们的工作积极性，他们就会消极应对，在手机上按个键就能另谋高就。

留才面谈，即管理者与高绩效且有离职风险的核心员工定期进行的一对一结构化的留人面谈，借此找出并强化能使员工留下的因素。此外，这一方法还能帮助组织发现和尽量消除让员工考虑离职的外部"诱因"。

经众多企业实践证明，留才面谈是挽留重要、核心员工的有效方法，原因包括但不限于以下几点：

能够激励员工。大多数员工会因进行面谈而感到激动，因为他们会从面谈中真切地感受到组织对他们的关心，特别是管理者花时间征求他们的意见时。

可量身定制。员工敬业度调查和许多其他留才工具都将重点放在找出激励整个员工团队的因素上，但留才面谈可以根据某个具体员工及其愿望进行定制。

只用在核心员工身上。由于只跟有离职风险的核心员工进行留才面谈，管理者可以集中精力、最大限度地减少花在员工留任上的总时间与精力。

能够激发行动。与离职面谈不同，后者只负责发现问题，但留才面谈还会鼓励各方采取行动，以改善员工体验，帮助消除任何降低员工积极性或诱使其离职的重要因素。

能够缓和员工情绪。这种谈话发生在员工认真考虑另谋高就之前。因此，员工的（或许还有管理者的）负面情绪得到了缓和。

给管理者施加的时间压力较小。员工并非为了辞职而主动前来面谈，因此，缓和了管理者的压力。

侧重积极的方面。这样的留才面谈大多侧重于发现和强化让员工乐于工作的积极因素。尽管在此过程中也会发现一些消极的因素，但这并非留才面谈的重点。

没有培训要求。大多数管理者不需要任何正式的培训就能成功地进行留才面谈。管理者一般只需一套简单工具就能胜任这个任务。

成本不高。非正式的面谈并不需要预算。大多数情况下，管理者和员工各抽出一小时基本就够了。

WHAT'S HOLDING YOU BACK ?

第 3 章

打消你的面谈顾虑
四步流程法让你面谈时轻松自如

大多数管理者之所以对留才面谈顾虑重重,是因为担心员工提出他们难以满足的苛刻要求。假如你正准备与你的团队中的核心人才面谈,同时担心无法满足他们提出的苛刻要求,那该怎么办?别急!四步流程法一定能帮到你,让你能充分掌控面谈的效果。

What's HOLDING YOU BACK?

第3章 打消你的面谈顾虑

作为一名管理者,你是否有心与你团队中的核心人才进行面谈,但始终顾虑重重?你是否因害怕他们提出额外的要求而感到担心?

闭上眼睛想象一下,假如你的上司把你叫进办公室,对你说:"你对我和我们这个团队都很重要。虽然我没有经常对你这样说,但这个团队不能没有你。所以我很想知道,怎么样才能让你留下来,并让你愉快地工作?又是什么原因会让你离开这个团队?"

你的上司有没有这样做过,而且用一模一样的语气?如果有的话,你会作何感想?我们向数百人咨询过这个问题,答案都是类似于:"我感觉太棒了,原来我那么重要,真让我有受宠若惊的感觉。"不过,也有位管理者告诉我们:"我感觉自己说这番话太晚了,因为我在离职面谈时才对员工说这番话。"

别让忧虑因子作怪

假如你说上面这番话时为时已晚,或者你的上司从没说过这番话,那么,有这种经历的并不止你一个人。实际上,只有不到10%

的上司会告诉自己的员工他们有多重要,更不用说询问他们留在团队的条件是什么。

相反,很多管理者喜欢猜测员工的心思,而且通常会猜错。当他们发现员工正在学习新的知识和技能时,会猜测员工一定想升职;当员工告诉管理者希望有更多休息时间和家人在一起时,他们会猜测员工的真实想法是想加薪。

不要再瞎猜了!假如你希望某个员工留在团队中,就应该马上开始与他进行留才面谈。这个方法很简单,也是其他所有沟通策略和方法的基础。然而,管理者常常不敢开口问员工有什么要求,为什么会这样呢?在大多数时候,这都是"忧虑因子"在作怪。

其实,我们知道你的"忧虑因子"是什么。你一定在想:"我为什么要问那些问题?假如核心员工提出一些我无法满足的要求,那该怎么办?"下面来看一个真实的案例:

> 曾经有位受访者告诉我们,他的上司对他说很看重他,并且问他留下来的条件是什么。然后他很老实地说:只要涨薪10%就行。结果,他的上司脸色当时就变得很难看,沉默了一会儿然后对他说:"对不起,在你的这个薪酬级别中,你的工资已经是最高的了。"六个月后,他离开了那家公司。

现在明白了吧?上面案例中这位管理者很关心员工,所以他问员工有什么想法,想看看对方会提出什么样的条件。但是,对于员工提出的苛刻要求，他完全没有提前做好心理准备。

应对苛刻要求的四个步骤

大多数管理者之所以不愿意与员工进行留才面谈，是因为他们担心员工提出以下两种要求：加薪或升职。在某些情况下，难以满足的要求可能还包括弹性工作时间、不固定的办公地点、延长休假时间或轮班制等。假如你正准备与你的核心员工进行留才面谈，但又担心无法满足这些要求，或者目前还无法兑现这些要求，那该怎么办？

别担心，如果你的员工面谈时向你提出一些你难以满足的要求，你可以按以下步骤回应。

认可：确认你已真正了解对方需求，并重申你很重视这些要求；

实话实说：告诉对方，你要克服哪些困难才能满足他的要求；

关怀备至：对他表现出足够的关心，深入了解他的要求，并支持他的决定；

询问还有没有其他要求：问问他："还有其他要求吗？"（只要不断地问这个问题，你最终就会得到在你能力范围内能满足对方的要求！）

这似乎相当简单,但实际效果会怎样呢?下面让我们再看一个真实的案例。

安东尼奥与他的厂长肯约定在周一早上开会。在对上周末的活动进行简短讨论后,安东尼奥对肯说:"肯,你对我和公司而言都很重要。我不知道我是否曾经这样坦率地告诉过你,或者以前是否经常这样对你讲,但你的作用确实很大。我们不能失去你这样的优秀人才。所以,我想知道怎么做才能让你留下来。假如你想离开,那么促使你离开的原因又是什么?"

肯有点儿惊讶,但还是有点儿受宠若惊的感觉。他思考片刻,然后说:"你知道的,我有时候很想升职,希望和公司的高管团队多进行一些接触。我想看看他们平时是如何工作的,而且坦率地说,我也希望他们能了解我。"

安东尼奥答道:"我从现在开始就带你参加一些公司高管会议,你认为如何?"

肯说:"那真是太好了。"

一周之后,安东尼奥就满足了肯的要求。

嗯,这个要求很简单,可如果肯要求加薪呢?安东尼奥和肯之间的对话有可能会朝着下面这个方向发展。

在安东尼奥询问他留下来的条件之后,肯立刻答道:"给我涨薪10%就行!"

第3章 | 打消你的面谈顾虑

听到这个要求，有些管理者会说："你是在开玩笑吧？"或者说："你凭什么认为自己能加薪？"这两种回应方式都会让这场对话戛然而止，并且让核心员工感觉不到自己的重要性。但是，假如安东尼奥对这种可能性已经有所准备，那么，当肯提出加薪要求时，安东尼奥可以用下面的四步流程法来回应他的要求。

认可：我个人认为，你不但应该加薪，而且加薪幅度不止10%。

实话实说：我很想答应你的要求，但我要和公司人力资源部探讨一下加薪的可行性。说实话，由于公司最近正在削减预算，所以我不确定现在是否能满足你的要求。

关怀备至：但是我已经了解你的要求，我会跟人力资源部和CEO谈谈这件事，在下周五之前给你答复，告诉你大概什么时候会涨薪。

询问还有没有其他要求：话说回来，肯，你还看重哪些东西？你还有没有其他要求？

许多研究显示，与单纯的薪水相比，人们更想从工作中获得更多成就感。当你提出"还有哪些其他要求？"这个问题时（也许要问好几次），我们敢肯定，在你所能给予员工的关怀中，至少有一样是符合他内心需求的。请记住，每当员工谈论吸引他们留在团队或组织中的事情时，一定要积极聆听他们的心声。

如果你还不能理解如何利用上面四个步骤进行留才面谈，我们为你准备了下面另外一个真实的案例。

玛拉准备对手下5名员工进行留才面谈，但她有点儿紧张。公司刚刚度过财政困难期，还没从经济衰退的沉重打击中恢复过来。大家都在勒紧裤腰带过日子，工资也暂时停发了，很多员工被迫下岗。在这种情况下，还要问员工留下来的条件是什么，这听上去很不合理。玛拉担心这个问题会让她和下属处于一个尴尬的境地当中，但她的上司对她说："我们都要这样做，公司的每个管理者都要和下属进行留才面谈。"

因此，玛拉准备先与艾萨克进行面谈。她决定请他吃午饭，这样他们就可以在一个放松和私密的环境中交流。以下是他们的谈话内容：

玛拉：艾萨克，谢谢你花时间和我一起吃午饭。公司这段时间非常困难，我真的很感谢你为公司所做的一切。当其他人都悲观失望时，你仍然保持乐观情绪。自从公司开始裁员以来，你一个人做着两个人的事情，这当中的艰辛我很清楚。归根结底，对我本人、我们这个团队以及整个公司而言，你的作用是无可替代的。我希望你知道这一点。说实话，假如没有你在，我无法想象我们的团队会变成什么样子。所以我想知道，你留下来的条件是什么？（在这段谈话中，请注意玛拉是如何认可艾萨克对公司所做的具体贡献的！）

第 3 章 | 打消你的面谈顾虑

艾萨克：哇，谢谢你对我说这些话，玛拉。有时候我在想，到底有没有人注意到我的辛苦付出和奉献。你注意到了，这让我感觉很好。说实话，如果能让我的工作量稍微恢复到正常水平，我就一定会留下来。我已经和我妻子聊过这个问题，并且已经达成一致。如果年底前我的工作量不恢复正常，我可能就要另外找一份工作了。

玛拉现在该怎么办？请看看她是如何运用上面四个步骤的吧。

第一步：认可对方

玛拉：艾萨克，很高兴我们能这样坦诚地交流。我真的不想让你离开这个团队。现在我知道你的想法了，你只是想恢复到原来正常的工作量。

第二步：实话实说

玛拉：我们需要找个人来帮你分担工作，但说实话，我不确定公司会在什么时候批准我们招聘新员工。

第三步：关怀备至

玛拉：我会跟吉姆说说这件事，看看我们能采取哪些措施，并且何时能落实这些措施。在找到可以分担你工作的人之前，我们肯定要找人临时帮忙。要不我们约在下周五碰面吧，

到时候我们讨论一下最新进展和一个最适合你的方案。

第四步：询问还有没有其他要求

玛拉：除了减轻工作量之外，你还有其他要求吗？比如说，你今年想学习哪些新知识？你心中有没有更长远的目标？也许我们能一起努力，帮你实现那个目标！

艾萨克：我听说最近有一种新的软件系统面世。等工作量恢复正常之后，我想学习使用这种系统。琳恩说她愿意给我提供辅导，如果你同意的话，我想让她教我。谢谢你请我吃午饭，并且和我聊这些事情，玛拉。在过去这几个月里，我对自己的工作环境不太满意，但现在我的信心更足了。你愿意花时间来谈件事，这对我来说很重要。

在艾萨克这个可能非常具有挑战性的要求面前，假如玛拉不使用四步流程法应对，你能想象得出他们之间的对话会变得多尴尬吗？

也许有人想："假如我问对方：'你还有其他条件吗？'而对方的答案是：'没有。'那该怎么办？"比如艾萨克的唯一要求就是恢复正常的工作量，而且是尽快恢复！

此时玛拉的做法是：告诉艾萨克实情，并且承认这样做的难度很大，但提醒他很快就会跟自己的上司吉姆探讨这件事；与此同时，自己和上司考虑其他可选方案和变通办法，以尽量满足艾萨克的要求。然后，定下日期，尽快和他再次探讨这个问题。

第3章 打消你的面谈顾虑

现在，你一定在想："在做出这些努力之后，如果还是没有找到解决方案，那又该怎么办？"

没错，有时候你真心希望某个员工能留下来，但由于无法满足他的要求，他离开了公司。这种情况时有发生。但是，如果你不和他进行这番对话，你还是会失去他。你已经竭尽所能，而他当然也知道这一点。在这种情况下，留才面谈仍会给你带来很多好处。这些离职者虽然离开了公司，但却可能成为你和公司的形象代言人。在合适时，他有可能会向你推荐人才，甚至有朝一日会再回来与你共事。

苏珊·杰菲斯（Susan Jaffers）写过一本非常精彩的书，名为《战胜内心的恐惧》（*Feel the Fear and Do It Anyway*）。"知难而进"在这里也同样适用。在与员工面谈的过程中，请留意那些让你感觉不适的事情。当你产生不适感时，要承认自己害怕它，然后迎难而上。假如阻力来自其他事情，我们在下一章看看是否能克服它。

阅读与思考

管理者如何让面谈更有成效？

在开始面谈时使用简单的开场白，如："感谢你抽空与我进行这次谈话。作为我们的重要员工之一，我希望以非正式的方式向你提几个简单的问题，以便我了解让你爱上这份工作并留在当前职位上的原因。在面谈过程中，我会通过一系列提问来找出那些降低你工作积极性、并让你开始考虑跳槽的因素。"

需要考虑的关键问题

理想情况下，留才面谈应于一小时内完成。管理者与员工在面谈时沟通的问题可分为以下4个不同类别。

1. 提出引导性问题

如："我希望让你知道，公司和我本人感谢你一直以来做出的杰出贡献。如果你能抽出几分钟，我想和你进行一次非正式的交谈，以确保我们完全了解能让你继续留在这里工作的因素，以及还能采取什么样的措施来改善你的工作体验，提高你的工作积极性。"

2. 找出让员工愿意留下的因素

　　积极的留任因素。哪些因素会让你享受当前的工作和工作环境（包括人员、工作、奖励、工作内容、同事、管理层等），并让你一直留在我们公司工作至今？请帮助我们找出能够提高你的工作热情、积极性以及对团队和公司的忠诚度的因素。

　　留在公司的原因。如果有关系密切的朋友问起，或者外部招聘人员跟你接触，你能不能告诉我，你会给出哪些理由来说明为什么你要留在我们公司？

　　"这辈子最理想的工作"因素。你是否觉得目前做的是"这辈子最理想的工作"？你能否替我列出会让你觉得"正在从事这辈子最理想的工作"的因素有哪些？（注：这是留住核心员工的最重要的因素。）

　　"工作影响"因素。你是否觉得自己的工作对公司业绩有贡献，并且在公司之外对客户带来明显的影响？你是否觉得，你的同事也认为你的工作带来了影响？（注：这是留住核心员工的第二重要因素。）

　　充分发挥能力的因素。你是否觉得你在当前的职位上能够"充分发挥能力"？如果是这样，你能否指出让你觉得能充分发挥能力的因素？我们还能做点儿什么来充分利用你的才能与兴趣？

　　价值因素。你的同事和队友是否会倾听你的意见，并重视你的创意、意见和决策？这方面应该怎么改善？

3.找出能进一步提升员工忠诚度和敬业度且与留任相关的积极措施

增加积极因素，减少员工不需要的因素。能否列出你在当前职位上最喜欢的因素或希望进一步强化的激励因素？如果你被调去从事完全不同的工作，你最留恋的是什么？对于你在上家公司从事的工作，你真心怀念的是什么？能否列出你在当前职位上不那么喜欢的因素或希望组织帮助削弱的会降低你工作积极性的因素？是否有什么令人失望的因素让你在夜里心绪难平，或者变成在你驾车上班的路上挥之不去的心头之痛，又或者让你对来上班这件事心生畏惧？

梦寐以求的工作。如果有机会重新设计你当前的职位，能否列出你希望纳入这个"梦寐以求的工作"中的重要因素？

职业规划。能否让我们了解你对自身职业发展进程的期望，让我们了解你希望两年后在组织中担任什么职位？

挑战因素。是否能列出在你当前的工作情境中，最具挑战但却最令人兴奋的因素？我们还能做什么来给你更多的挑战？

露脸的感受。能否特别指出，最近在高管层和决策者面前露脸的经历？我们是否有办法增加或者改善这种亮相的体验？

学习、成长和领导力。能否特别指出在学习、发展和成长方面的积极体验？我们还能如何加速你的这种成长？你是否希望转而担任领导职务？如果是，你的期望、时间表和担心的问题又有哪些？

4. 找出可能导致员工考虑离职的潜在"诱因"

这些诱因导致原本忠于公司的员工至少开始考虑另谋高就。

可能的诱因。假如你开始考虑离职,能否帮我了解哪种"诱因"或负面因素可能导致你产生这种想法?请提出工作和公司这两方面的诱因。

近期降低积极性的因素。回想一下,过去12个月内,你对目前工作感到失望或焦虑的情况。能否列出对自己情绪影响最大的一项或多项积极性因素?是否能让我了解最后是什么因素缓解了这种情绪?

其他让你考虑离职的因素。如果你曾经与其他考虑过离职或实际上已经离职的员工交谈过,他们给出的任何离职理由是否让你在某种程度上赞同?如果确实如此,你是否能列出这些因素,并告诉我你为什么认为,在某种程度上,这也可以作为你离职的理由?

过去的诱因。导致你前两次离职的主要因素有哪些?我们公司是否存在这些你在过去的工作中不希望遇到的因素?

采用正确的形式

如果你知道某位员工为什么留任,就可以在组织内特别强化这些因素。如果你有足够的时间提前了解哪些因素会导致员工离职,就可以采取实际行动,抢先消除这些离职诱因。如果你决定尝试使用这种面谈，以下 4 种探究员工留任原因的形式，可供参考使用：

与主管一对一面谈。让目标员工的直接上司当面向其提问。员工与其管理者的面谈是一款非常强大的工具，可以轻易地淘汰其他选项。Skype 和电话访问也是效果较为接近的替代手段。

与 HR 进行一对一谈话。万一员工的直接上司不愿意与其面谈，或者认为自己是导致问题的关键，就可指定专业的 HR 人员与员工进行面谈。作为有着丰富面谈经验的人员，专业的 HR 可以获得更准确的结果。

进行问卷调查。挑选多位目标员工，用电子邮件或问卷的形式，向他们提出上文列出的问题。对于办公地点远离总部或者轮班的员工，或许只能采用这种做法。

将一组员工纳入一个焦点小组。向同属于一个职系的一组目标员工提问，了解他们留任和可能离职的原因。记住，不要将全组人留任或离职的因素过度泛化。

留才面谈的方法很简单。必须定期与关键员工合作，增加其留任的理由，减少任何打击其积极性、可能诱使其离职的因素。

作为一名管理者，如果认为没必要采用面谈的手段，但同时又希望在"留住员工的战争"中获胜，那就不要想当然地以为即使你按兵不动，最优秀的员工也会"自然地"留在你的公司。

WHAT ELSE IS WORRYING YOU ?

第 4 章

清除你的面谈隐忧
各种面谈技巧让你面谈时游刃有余

担心员工面谈时沉默无语？怕他们质疑你的面谈动机？无法与不同文化背景下的员工展开面谈？……所有担心都是多余的！在这里，你将学会如何见招拆招，无论爱戴你的还是难缠的员工，都会为你的面谈技巧而折服！

WHAT ELSE IS WORRYING you?

My Worry List

☐ What if she asks _____?
☐ What if I can't _____?
☐ How can I deliver _____?

第4章 | 清除你的面谈隐忧

> 我的"忧虑清单"
>
> ☐ 假如她要求……我该怎么办?
> ☐ 假如我不能……我该怎么办?
> ☐ 我怎样才能提供……

在上一章,针对管理者普遍担心自己无法满足员工提出的要求这一棘手问题,我们介绍了如何运用四步流程法来应对。但很多管理者仍对留才面谈这件事有后顾之忧或难言之隐。那么,到底哪些隐忧让他们无法正常进行留才面谈呢?看看以下这些"杞人忧天"的问题,你是否觉得它们似曾相识?

假如问员工需要什么,而他的答案是"我不知道",该怎么办?

作为一名管理者,请记住,留才面谈绝不是一场居高临下的审讯,而是一场平等的沟通和对话,而且是一系列对话的开始。如果面谈时,对方说"我不知道",那也没关系。可能你的问题让他有些惊讶,他需要时间消化。让他慢慢思考吧,安排好下一次会面的日期,因为

管理者和员工都需要为对话做好准备。了解员工所需、所想及职业目标，吸引并留住人才是一个循序渐进的过程，从来不会一蹴而就。

顺便说一下，有位心理学家曾说过，当你提问时，如果对方的答案是"我不知道"，那你不妨问问他："哦，假设你知道的话……"然后，你就可以得到想要的答案了！试试这个方法吧。

担心自己将个人想法强加给员工，该怎么办？

其实，你大可以将这种想法当作一个玩笑。每个正常的人都有独立思考的能力，如果你有这种想法，那你的意思是你的员工从未独立思考并按自己的想法做事吗？

假如员工质疑面谈动机，该怎么办？

首先，管理者要保持诚实的态度。如果你不习惯进行这种对话，对你或对员工而言，可能感觉都会不太好。假如他们微笑着问你："你最近在读什么书？"你要明确告诉他们：最近确实在读某本书或参加某个培训课程，而你之所以告诉他们实情，是因为他们对你很重要。

其次，告诉他们，你确实想倾听他们的答案，更想帮他们一起实现心愿。或许，你认为这种方法有时让人觉得尴尬甚至别扭，但对于那些你希望留在团队并发挥作用的人才而言，这种"有求而必得"的坦诚做法是建立信任感所必需的。

假如我不擅长提问，怎么办？

确实，很多管理者未能很好地掌握提问技巧，担心在面谈时提出的问题问不到点子上。下面这个真实的案例就是我们某次举办活动时，一位观众席上的银行家向我们发问的内容：

银行家：假如我在面谈时这样问我的员工，他们肯定会非常吃惊。我平时在公司里甚至都不跟他们打招呼。

我们：嗯，既然这样，可能你要学会含蓄地问问题。或许你可以先从跟他们打招呼开始，然后再向他们提问。

的确，不擅长沟通和提问的管理者一定要循序渐进。首先，从一个爱戴你的员工开始，然后逐步与那些比较难缠的员工进行面谈。从重要员工身上了解得的越多，在提问时你就会越自信。

假如真的希望员工离职，该怎么办？

与员工面谈是管理者需要持续重复进行的工作，不仅仅是留才时需要面谈，员工绩效不佳时也需要面谈。二者之间有区别吗？当然有。前者是你希望核心员工留下来，后者是你希望劣绩员工走人。所以，千万不要以为所有的面谈都是一样的模式。

以下的真实案例就是某次我们举办领导力研讨会时，一位管理

者在会上向我们提问的内容:

管理者:在我的团队里,有一名员工的业绩非常差。难道我在面谈时要对他说他对我、对这个团队而言有多么重要,然后问他留下来的条件是什么吗?这似乎太虚伪了。我该如何与他进行留才面谈呢?

我们:你肯定要和他聊一聊,但聊的是业绩表现,而不是留才面谈。如果再深入探讨这个问题,就是他业绩不佳的原因,可能是你从来没有和他进行过留才面谈。如果给他换个职位、执行不同的任务、加入不同的团队或者换个上司,他的表现会不会好一点儿?

假如因员工文化差异不敢提问,该怎么办?

在留才面谈这种重要而基本的交流活动中,文化差异会起到什么作用?我们曾经就这个问题咨询过常驻国外的同事和世界各地的客户,大部分人都谈到留才面谈在本地区的效果与在美国时类似。然而,在有的文化背景下,并不鼓励管理者向员工提问这一行为,尤其是那些存在等级森严文化的地方。有位同事曾告诉我们,亚裔员工在发言前习惯得到上司的"许可",这是因为这些地方存在权力差异和遵守规则的文化。这种文化要求人们循规蹈矩,避免造成不必要的麻烦。生活在这种文化背景中的管理者需要更多地引导员

第4章 | 清除你的面谈隐忧

工,提出更多开放式的问题,并在对话过程中注意一些非语言类的暗示行为。

假如你在一种不接受或不提倡提问的文化环境中管理员工,就要找到一种变通的方法。比如,有些管理者采用匿名问卷调查或委派他人的方式向员工提问。无论用什么方法了解核心员工的真实想法,都要确保能获得相关信息及其真实性,这点很重要。

例如,有一家跨国公司聘请了一个外部顾问团队,准备对公司的核心人才进行留才面谈。所有受访者不但有机会看到自己的面谈记录,还可以补充或删减内容。然后,他们对最终文档进行审核,并将这份文档加密后呈送给自己的上司。

公司的一位管理者说,与聘请外部顾问相比,他更希望与员工进行一对一的交谈。但他也知道,这会让他的一些员工产生压力。借助这种变通办法,他能稳妥、高效地从多元文化团队中获得自己想要的信息。

假如与员工存在年龄、性格或其他差异,该怎么办?

有些管理者不愿进行留才面谈的原因甚为可笑,如有的人担心手下员工比他年轻或年长;有的担心员工比他更沉闷或更活泼;有的则担心员工比他更聪明。

别再杞人忧天了,进行一次有效的面谈前,管理者要研究手下每一名核心人才的兴趣爱好和独特个性;要更加了解他们,才能为

每一位员工度身订制适合他的面谈方法。未经过周密准备的留才面谈也许适用于某个人,但大多数人希望管理者在面谈前能给他们一些告诫,甚至一份问题清单,能够让他们早做准备。

假如员工只看重钱,该怎么办?

如果员工认为自己的薪酬不具有竞争力、不公平或不足以维持生计,他们的工作满意度就会大大降低。他们将难以抗拒猎头提出的诱人条件,或者四处寻找待遇更优厚的工作,尤其当他们具备特别的专业知识和技能,在就业市场具备充分的竞争优势时。但问题是:尽管薪酬不佳是员工工作满意度降低的一大源头,但就算薪酬合理,也不一定留得住人才,因为他们可能在其他方面不满意。假如你手下的核心人才觉得工作不具挑战性,或上升空间有限,或者他的工作成绩没有得到上司的重视,那么,丰厚的薪酬也难以让他们留下来。因此,薪酬并非挽留人才的唯一条件。其实,这一点早已被相关研究人员发现。早在20世纪50年代,弗雷德里克·赫茨伯格(Frederic Herzberg)在其著作《工作动机》(The Motivation to Work)中就提出,薪酬是一种"激励因子"。因此,要确保人才拥有合理的薪酬。否则,他们的态度就会受这一因子影响。

当然,不排除有些人工作的唯一目的就是为了挣钱。在这种情况下,你也许真的很难留住他们。就算你连续问他们N次"你还有其他要求吗?"他们的答案还是"没有"。一位高层领导曾说过,根

第4章 | 清除你的面谈隐忧

据他的经验,光靠钱是留不住人才的,因为总有人出的钱比你高。所以,要给人才既公平合理又有竞争力的薪酬。同时,也要考虑你能够把控的其他因素,比如和谐的职场环境、上升空间等。

所有担心都是多余的

有些管理者说,在与核心人才进行留才面谈的前一晚,他们会整夜失眠。可在第二天面谈时,一切都进展顺利,而且面谈对象很感谢他们花时间和精力问自己这么重要的问题。

很多接受过留才面谈的员工告诉我们,他们的上司对他们说公司很重视他们,并询问他们留在团队的条件是什么。尽管这只是一种姿态,但他们的内心很满足,觉得自己有价值。而许多管理者则告诉我们,只要面谈对象不提出太出格的条件,他们一般都能满足这些核心人才提出的要求。比如,向他们反馈更多信息、提供学习新知识的机会、在上班高峰期稍微晚到公司或者参与新项目等。

但是,如果你的员工出于某些原因而不太想回答你的问题,那

你可能需要与他们建立互信的管道，形成一种更为信赖的伙伴关系。只有这样，你才能听到他们发自内心的真话。至于如何做到这一点，我们将在下一章继续讲解。

阅读与思考

12 招增强你面谈的倾听技巧

尊重说话者，专心致志且善于倾听。倾听对方说话，就是在告诉对方：你对我很重要，你说的话对我也很重要。你的专心可以提高说话者的自尊感。因此，当对方开始说话时，不要去猜想他下一步要说什么；更不要想着如何找出他话中的弱点，以便反击；也不要插言，除非确定说话者已经说完，否则不要改变话题。

抗拒分神。外在的分神包括看到、听到不相关的事情；内在的分神则是指想象与谈话无关的事情。如果对说话的内容不感兴趣，就容易分神，所以必须设法与说话者一起投入。不妨寻找对自己有益的新观念或独到的看法，来帮助自己融入说话内容。

注意：大多数人只有在听者用心倾听及有心了解他们的心声时，才会说出自己真正的想法与感受。

将注意力集中于内容而非表达方式上。有些人并不善于表达，因此不要过分注意他讲话的声音、表情是不是有说服力，应重视他说话的内容，不要受到讲话方式的影响。优秀的倾听者善于捕捉谈话者的内容，避免信息传送的误差。有些人说话时惯用情绪化或夸大的字眼，例如"我决定……""你总是……""你一定是……才会……""我最讨厌……",其实他真正想表达的,可能并没有那么主观。如果你受这些字眼影响,接收到的信息就会有偏差,因此要尽量保持客观。

寻找重点或中心概念,略过细节。优秀的倾听者会通过快速思考来处理所听到的信息,经过一连串感觉、解释、评价、摘要的动作,找出说话者的目的、关键词及概念,以确定说话者的中心主题或主要论点,而不会花心思在辅助性的细节上。如果只听事实或字面意义,很容易被误导,例如"我拿到了你对××项目的报告,但并不完整,我们不能失去这个客户,如果你搞砸了,我会要你走……",这些话的重点在于"××项目非常重要",如果你只听到"我要被开除了"这种负面信息,接下来就会开始防卫,让沟通偏离正轨。只有找出信息背后的真正意义,才能有效沟通。

避免受偏见影响,保持开放的心态。如果你喜欢一个人,很容易不假思索地就接受他所说的一切;反过来,如果你不喜欢说话的人,就可能会怀疑他所说的一切。因此,在倾听的时候,不要先在自己面前放下一个栅栏,或摆一个过滤网。如果有先入为主的观念,或是只听到你想听的,就永远也无法了解说话者想要传达的意义。

◆ 小心倾听时的陷阱。

◆ 不要预作假想,因为你的假设很可能是错误的。

◆ 不要猜想说话者还没说出来的东西,也不要代替说话者下结论。

◆ 不要在听了对方的开场白之后,就假设自己知道全部的内容。

◆ 不带偏见,才能全盘地吸收和评断。

控制情绪，不让情绪阻断讯息传递。把语言当成空杯子，重要的不是说的人在杯子里放进什么，而是听的人从杯子中倒出什么。有时候，语言不只是理智的符号，还带有浓厚的情感意味。比如，有些议题对倾听者而言有特别的意义，当对方谈到这类议题时，倾听者很容易陷入自己的情绪中。理智是情感的奴隶，一旦情绪介入，理智就会出局，让你无法公平公正地了解或评断事实。

找出哪些语句或内容能触动我们的情绪，然后练习自我控制。只有控制住情绪，才可能听清别人在说什么。尤其是听到批评时，我们会觉得生气、委屈、沮丧，即使说话者给予建设性的内容，我们也会忽略它。愤怒的人通常容易会错意，让沟通失去意义。

以积极的身体动作来鼓舞说话者。利用一些身体语言，表示出你倾听的兴趣和集中的注意力，你可以这样做：

◆ 专心看着说话者的眼睛，表现你的专注，但是不要瞪他。
◆ 倾身靠近说话者，找出最合适的距离，让对方觉得自在。
◆ 随着谈话的内容，自然地微笑、点头、皱眉等。

应避免的动作包括：手臂紧紧地交叉在胸前、眼睛瞟来瞟去东张西望、低着头看地上或抬头看天花板。这些动作都表示你很不耐烦，希望他赶紧闭嘴，或是对说话者有防卫意识。

致力消除环境或行为造成的干扰。优秀的倾听者会尽量主动控制环境，例如将比较重要的谈话安排在一个远离电话、嘈杂声或公文堆积如山的地方，挑选一个让对方可以轻松说话的地方。如果对方是你的部属，尽量避免在你的办公室谈，如此有助于沟通效果。

你可以这样做：

- ◆ 倾听前，先将你的思绪安定下来。
- ◆ 将手边的工作放置一旁，用心想想谈话的目的。
- ◆ 将容易使你分心的东西移开。
- ◆ 不要在笔记本上乱画。

做笔记写下关键词句，以增强记忆。写下重点或摘要，是确认自己是否听到的最佳方法，因为做笔记有助于深入了解并记住说话者所要传递的讯息。做笔记需要应用许多感官来处理信息，包括眼睛、手的动作、肌肤的触觉等，相当于将彼此沟通的概念具体化，让记忆更完整。一般人无法既专注于笔记又注意说话者在说什么，因此笔记尽量短，记录关键词即可，或是等到这段对话结束后再做记录。关键词可以记下一个概略的大纲，稍后再加入细节，同时做组织详细内容的工作。

适时提出问题，帮助说话者清楚表达。可以用语言来鼓舞说话者，例如"嗯""真有趣""真的吗""有意思"等，或在适当时机提出问题，帮助彼此界定观点。这样做表示你在仔细倾听。提问题的语气要不急不徐，尽量用开放式的问题，鼓励对方说出内心真实的想法。例如："我注意到你相当生气，是什么原因呢？"或"过去我碰到这种情形会觉得很沮丧，不知你怎么处理这样的状况？"

问问题时，多问那些你希望了解而对方却没提及的问题。不会倾听的人，通常以为没提到的事就表示没问题，而懂得倾听的人，虽然有可能听到自己不喜欢的消息，却能发现事情的真相。

组织听到的信息，以重述方式确认。 每个人说话的方式不一样，有的人细说从头，有的人善用比喻，有的人则是开门见山，有的人只是发泄情绪……你无法期望对方表达得有条有理，因此必须主动从对方的谈话中理出脉络并重新组织信息。

在谈话结束之前，应该当着对方的面，将谈话内容的重点复述一遍："如果我没听错的话，你刚刚的意思是……"你要重述的不只是对方的谈话内容，还有他说话时的语气、神情，让对方知道你确实在仔细倾听。此时，也要鼓励对方更正你的错误，一直到双方确认无误为止。

DO THEY TRUST YOU ENOUGH ?

第 5 章

营造互信的面谈氛围
有信才有爱，有爱才能留才

管理者与员工之间的信任感至关重要。要深入了解自己的优秀员工，在与他们的日常交流中表现出真实的自我。当他们需要你指引时，要身先士卒；当他们处境艰难时，要表现出对他们的支持；当他们迎接新的挑战时，要成为他们身后最强有力的支持者。

信任感如同在你和核心人才之间铺设了一条管道，能够让双方进行坦诚而富有成效的交流，而这种交流反过来又会建立更多的信任感。

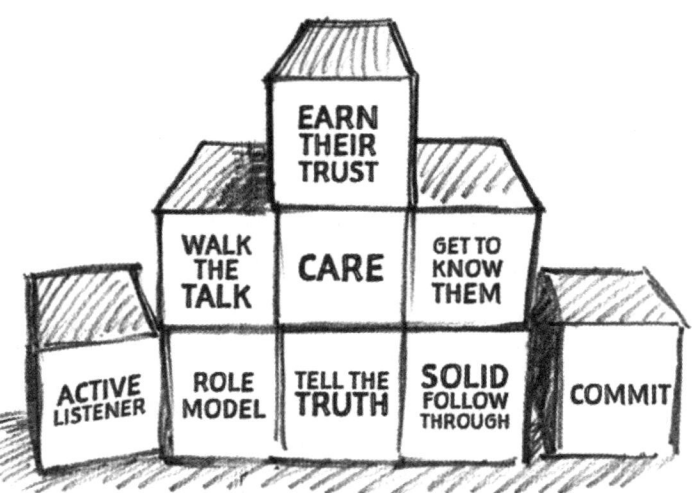

第 5 章 | 营造互信的面谈氛围

你的员工信任你吗？我们希望答案是肯定的。

对于这个问题，有的管理者会说："当然，我们的关系好着呢！信任是不言而喻的。"如果你这么认为，那你可以跳过这一章；有的管理者认为信任与留才面谈毫无关系；有的管理者认为，假如这本书没有关于管理者与员工信任的内容，那么这本书就是不完整的。我们同意最后一种说法。

通过诸多访谈我们发现，管理者与员工之间的信任感与留才面谈效果有着密切关系。实际上，信任感是职场最缺乏但又最需要建立的关系。管理者与员工之间缺乏信任感是显而易见的，却又是容

易被忽略的。人们都不想认真探讨这种现象或承认它的存在，所以一旦谈到信任感时，大多数人的选择是顾左右而言他。然而，缺乏信任感是个无法回避的事实，一定要正视它，而且有时还要做点儿事情来改善这种现象！

互信是面谈的基础

回想一下，在你的职场生涯中，有没有遇到过自己完全不信任的上司？在这种情况下，留才面谈会变成一种什么样的局面呢？有些人经历过这种局面，他们是这样做的：

- "在和她谈话的过程中，我故意避重就轻，甚至表现得虚情假意。"
- "我尽量避免说出我的真实感受，或者不告诉对方我真正想要什么。"
- "我从来不把我的职业目标或人生目标告诉那个经理，因为我很担心，不知道他会利用这些信息做什么。"
- "我内心从来没有对那位经理或那家公司忠心过。"

那么，对于管理者而言，这种留才面谈的结果是什么？他们会完全错过了解员工的机会，无法获得核心员工的相关信息，也会失去可以鼓舞、激励和留住人才的细微线索。而这种留才面谈对员工

会造成什么影响？这样的谈话毫无成效，因为员工有所保留。管理者本来有机会获得更多需要的东西，却错失了这个机会。

信任感是真诚和重要对话的基础。只有你的核心员工信任你，你才能成功地进行留才面谈。要让他们相信你真的关心他们，希望深入了解他们、支持他们，而且会重视及正当利用他们在面谈时提供给你的信息。

如果你和下属之间有着牢固的互信关系，那么现在就可以开始面谈；如果你和下属之间没有建立牢固的互信关系，也要从现在开始进行留才面谈。实际上，你们之间的对话有助于你和那些你希望留在团队中的重要员工建立互信关系。这话是不是有点儿自相矛盾？其实不然，关键看你如何去做！

你的可信度有多高？

如果你自认为值得别人信任，但你知道别人会怎么看你吗？从某种程度上来说，你的可信度取决于别人对你的看法以及你的实际行动。填填下面这张表，给自己的可信度评下分吧！评完分你或许会对结果大吃一惊。

表 5.1 中列出的这些行为你多久表现出一次？请给自己评分。得 1 分意味着你很少表现出这种行为；得 3 分意味着你偶尔表现出这种行为；得 5 分意味着你经常表现出这种行为（请找一个你熟悉的人，让他来评判这 5 分是否恰当）。

表 5.1 信任感测试表

建立信任感行为测试	得分 1 分 = 很少 3 分 = 偶尔 5 分 = 经常
1. 我爱说真话，我很真实。	
2. 我信守诺言，言出必行。	
3. 我是下属的坚强后盾。如果他们遇到挫折，我会支持他们。	
4. 我给予下属明确的指示，并和他们共同树立明确的目标。	
5. 我是团队的领路人，有时候我会身先士卒，尤其是在危险的时候。	
6. 我总是信心百倍。	
7. 我很尊重他人。	
8. 我与别人开诚布公地交流。	
9. 我表现得很关心员工。	
10. 我的行为前后一致，员工们知道能从我这里得到什么。	
11. 我待人公平。	
12. 我是员工的强力支持者。	
13. 我说到做到。我活出了我的尊严和价值。	
总分（最高 65 分）	

你的最终得分是多少？更重要的是，你知道你的得分高低意味着什么吗？如果你的得分低于 65 分，说明你至少还有一点儿改进空间。请密切注意那些你希望改进的行为。行动起来，然后观察那些你想挽留的员工会有何种反应。最后，还有一个终极测试，那就是让你的员工给你的可信度评分！

与信任感相关的真相

我们曾经对全球各地的不同受访者进行过访谈，想知道他们是如何看待职场信任感的。以下是我们收集到的一些关于信任感的说法。

信任感的定义

虽然身处不同地域，但人与人真的很类似。同时，每个人又是与其他人完全不同的独特个体。因此，在谈及信任感时，来自全球不同地方的人们一致认为信任感很重要，但他们对"信任感"的定义却各有特色。也许你信任上司的条件与别人信任他的条件相去甚远，在这里，我们摘录一些访谈中遇到的关于信任感最多也最具代表性的说法：

> 对别人而言，信任感或许取决于是否能与上司建立一种紧密联系，这是非常神奇的事情。但我信奉君子之交淡如水，我不喜欢与上司保持过多联系，根本不需要这种信任感。我只要他言出必行，答应过我的事情一定要做到。

信任感需要珍惜

作为一名管理者，当你还没充分向你的员工证明你值得信任时，或许他们中的一些人已经将信任感作为礼物送给你，开始无条件信任你。对于这种信任感，管理者一定要珍惜。下面来听听我们曾经

访问过的某位受访者吐露的心声吧。

> 我非常容易相信别人……有时候甚至到了盲从的地步。我知道，有些人觉得我太天真了，但对我来说，这种信任感在大多数时候都会发挥作用。

信任源于言行一致

建立信任感是一个持续的过程。作为管理者，越经常重复建立信任的活动和行为，就越容易维持你与员工之间已经建立起来的信任感。以下是我们曾经访问过的某位管理者与员工建立信任感的秘诀。

> 我曾经为如何与员工建立信任感而苦恼。在参加一次领导力培训课程时，我曾就这个问题咨询过导师，一位导师建议我列出4~5个形容词，这些形容词是我希望我的员工用来形容我的。其中，有两个形容词是"真实"和"可靠"。然后他问我，这两个形容词如何体现在日常生活中。我深刻意识到，在与员工的互动中，我一定要保持真我，并始终如一地信守承诺。此后我的员工告诉我，他们非常信任我。

失信后能重新获得信任吗？

"世上没有后悔药买。"这句话提醒我们，做任何事之前都要小心。

第 5 章 | 营造互信的面谈氛围

但是如果失去了别人的信任,难道不可以尝试一下重新获得信任吗?有些人说,当信任产生裂痕时,无论出于什么原因,都是无法弥补的。但是,这要视具体情况和相关人员而定,随着时间的流逝和大量努力,人内心的创伤是可愈合的,信任感也是可以重新建立的。老规矩,还是来看看我们曾经访谈过的受访者是怎么说的吧。

> 我的上司曾经背信弃义,让我和其他人对他失去了信心。最终,我告诉他,他的行为让我感到很苦恼,影响了我对他的信任感。他心里觉得很难受,向我道了歉,然后说自己再也不会这样做了。尽管用了很长时间,但我还是重新开始信任他,而且对他处理我反馈信息的方式和承诺做出改变的态度充满敬意。

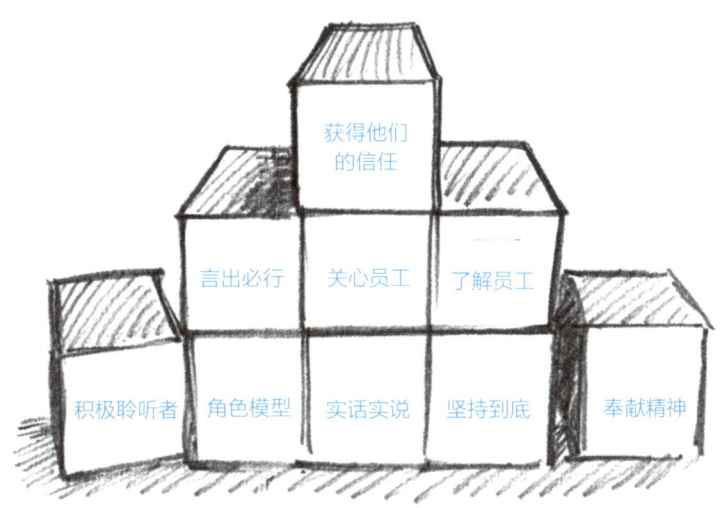

信任的回报

如果管理者质疑投入大量努力与员工建立信任感后,是否会得到相应的回报,那么我们不妨告诉你,随着你的可信度得分的提高,你将会获得以下回报:

◆ 员工的敬业精神大大提高,而人才流失率大大降低。
◆ 客户满意度不断提高。
◆ 工作效率和盈利能力持续增长。

管理者与员工之间的信任感至关重要。你需要通过长时间的持续努力和信守承诺才能建立起信任感。

要深入了解自己的优秀员工。在与他们的日常交流中,要表现出真实的自我。假如你和员工缺乏日常交流,那就要改变这种局面。当他们需要你指引时,要身先士卒;当他们处境艰难时,要表现出对他们的支持;当他们迎接新的挑战时,要成为他们身后最强有力的支持者。

每当你询问优秀员工"怎么做才能让你留下来"时,你就是在请求他们信任你。只要他们相信你在仔细倾听他们的心声,就会信任你,然后小心谨慎地回答这个问题。

新加坡火花企业咨询公司(Flame Centre)联合创始人温迪·谭说过:"只要管理者和员工之间建立信任感,员工的心声就犹如开闸

的洪水,他们会很珍惜这个倾吐心声的机会。"

信任感如同在你和优秀员工之间铺设了一条管道,能够让双方进行坦诚而富有成效的交流,而这种交流又会反过来建立更多信任感。假如你同意这个说法,但却担心留才面谈太费时间,那就请继续阅读下一章内容吧。

阅读与思考

留才，从员工进公司的第一天就做起！

很多企业经营者一定想不到，公司留不住人才所耗费的企业成本，远比你想象的更巨大！想成功留住人才，千万别等到员工们满腹牢骚时才仓促行动以修复彼此关系。留才，要从员工进入公司的第一天就开始做起。

当市场经营环境恶化，公司营运成本持续增高时，很多企业经营者大喊吃不消。这些大老板们是否想过，公司留不住人才、优秀员工不断流失所付出的代价及成本与一般性成本的增加相比较，是否对公司营运冲击更大？

据统计，一名员工自愿离职后，公司至少产生几项不可避免的成本与支出：

- ◆ 招聘人才的支出（招聘广告费用、人资部门筛选求职者的时间、部门主管面试求职者的时间、人资部门与部门主管讨论人选的时间、求职者资料审核与背景调查时间）。
- ◆ 面试录取者在进入公司前的递补空窗期，公司损失的利润。
- ◆ 新进员工进入公司后需要的培训成本。

- ◆ IT信息部为新进员工准备软、硬件设备的时间与各项前置作业时间。
- ◆ 新进员工从"菜鸟"晋升到能贡献生产力的阶段所需的时间和成本（如果离职者是一名超级业务员，这段过渡期的损失更惊人）。

这样的计算方式，还只是针对看得到、算得清的部分。如果再加上经理人为了面试所耽误的会议、中断的工作、团队成员额外的工作负担、因为离职者的离职而被迫搁置的计划，那么隐性成本只会愈来愈高。

"流才"耗费的成本，不容企业小觑

对于很多企业来说，最可观的还是失去优秀人才所耗费的机会成本——如果离开的是一名优秀业务员，从他离职、新人递补，到新人达到他过去相同水平时，公司将会损失掉他可能创造的惊人业绩；假如是优秀的研发人才离开，公司将可能失去新产品问世所带来的潜在营收。当然，还有离职人才在业界建立的人脉。另外，还有他一并带走的领导力、管理知识，以及他带领的部属、身边的同事、良师益友，抑或他创造的愉快的工作环境……凡此种种，因为一名优秀的人才离职，公司里上上下下所付出的代价都是难以估算的！

如果老板们仔细评估人才流失所导致的成本，就会发现留住优秀员工绝对是公司最正确的商业投资。因此，当大老板们还在斤斤计较

该如何为公司"Cost Down"时，可以先看看组织里的人才们是否仍旧乐在工作，还是已经准备另谋高就。

《经济学人》杂志（The Economist）曾经用"质量争夺战"（Quest For Quality）来说明企业聘任新员工。如果找到优秀人才，对于提高公司营运效率将起到极大作用。然而，市场上没有所谓的"人才商店"可以让老板们轻松走进去就能买到一大群死忠的高绩效员工。

企业要找到人才、聘请人才并且留住人才，关键还是在于劳资双方的长期互动是否良好。尤其是在人才挖角风气盛行于职场，猎头公司虎视眈眈之时，如何留住人才也成了企业在抢人大战中不得不面对的严肃课题。

所以要从员工进公司的第一天起就开始留才，善用育才制度发挥留才效应。据统计，一个新进员工在刚到任的前90天离职率最高。新进员工越快进入工作状态，日后他对公司的满意度、创造的绩效以及未来留任的机会就越高。

WILL YOU MAKE THE TIME ?

第 6 章

慎重选择面谈时机
时机对，效果才会好

今天，职场人员流动越来越频繁，留才面谈已经成为管理者的一种日常行为。当你与员工进行过一次愉快的留才面谈时，你就开启了一系列持续不断的对话。这也意味着管理者要灵活地掌握面谈的方式、时机和场合，花点儿时间跟那些你不能失去的人才好好谈一谈吧。

第6章 | 慎重选择面谈时机

作为一名管理者，你会正确选择面谈时机吗？这个问题提得好。

当你生病时你会去看医生，这是最基本的常识。同样的，当你希望留住一些核心人才并帮助你提高业绩时，我们也会说："假如你想留住优秀员工，请进行留才面谈。"对许多管理者而言，很多员工都需要挽留，这似乎要花大量的时间。我们知道，你无法创造时间，但你可以有效地管理时间，并在你的日程表中留出一些时间，去完成那些真正重要的事情。

以下是我们曾经与某位管理者的对话：

管理者：我没时间做留才面谈。

我们：那你怎么有时间去招聘、面试、筛选、确定和培训那些替代离职人员的新员工呢？

留才面谈并不需要花太多时间，也没有"最合适的时间"之说，取决于你个人、你所在组织的文化、你与员工的亲近程度、员工的工作风格和喜好。

面谈时机

留才面谈要在何时、何地及如何进行呢？这要视具体情况而定。作为管理者，首先，要了解你的员工工作和生活的地点；其次，要了解他喜欢在什么时间和地点与你会面；最后，要保证留才面谈对你和你的员工产生作用，你做了哪些准备？以下是一些管理者选择与员工进行交流的时间和地点：

入职培训期间

留才面谈越早开始越好！现在，很多管理者和招聘人员会经常询问聘用的新人："什么样的条件才能让你留下来？"为了留住一名新人才，他们会深入研究他的回答，做好记录，并且从话语中寻找关键的留才线索。以下是某家有名的报纸曾报道过的某名企进行新人留用面谈的做法：

> 有家大型企业决定，公司的所有管理者都要在新员工入职后马上与他们进行留才面谈，然后在入职后的第三十天、第六十天和第九十天再次进行类似的交流，而且高层领导可以看到面谈的记录。很显然，这家公司非常重视留才面谈。

宣布裁员的时候

不会吧？是的，你没看错，我也没写错。许多研究表明，同一家企业，每次裁员之后，总会掀起第二波离职热潮。其中的问题在于，第二波想离开的员工都是企业最优秀的人才，他们有更多的选择，可以找到更好的下家。作为管理者，千万要避免第二波离职潮的到来，现在就行动起来！以下是某报关于某家企业宣布裁员时进行留才面谈的做法：

一家制造企业刚刚宣布了裁员计划，但该公司的总裁非常聪明，就在裁员通知发出去不久，他马上召集所有核心人才进行留才面谈。他告诉这些员工，他会竭尽全力保住他们的工作。在裁员这段疯狂的时期里，存在着许多不稳定因素，他请求他们一定要坚持住。然后，他询问他们留下来的条件是什么。这些员工最后都留下来了。

每季度初期

有些管理者喜欢定期进行留才面谈，这样他们就不会忘记做这件事了！当然了，每个管理者都可以找到与员工交流的独特方式。比如下面这个例子：

一家专门从事工程的企业发明了"避免感性化"的提问方式。该公司的某些管理者会这样询问他们的下属："我正在收集一些数据，看看什么因素能让你长期留下。你能给我提供一些对你来说很重要的数据及与其关联的财务要求吗？"

然后，这些管理者会创建电子表格，列出每位直接下属提出的要求，并计算出总成本，最后层层上报进行审批。在递交上去的每份电子表格中，约有75%的内容会获得批准。

月度一对一谈话

一名管理者如果经常与某位员工进行留才面谈的话，那么每次所花的时间一般都不长。这种持续进行的对话间隔时间虽然不长，但却能很好地加强员工和管理者之间的相互了解，并建立起一种更牢固的关系。再来看下面这个例子：

一家大型金融机构的领导要求所有管理者对自己团队的成员进行留才面谈。他们建议面谈持续20分钟，而且把这种面谈固定为每月一次的一对一谈话。

职业生涯研讨会

许多管理者喜欢把留才面谈和员工职业发展研讨会区分开来。有些人甚至认为留才面谈与其他形式的交流毫无关联，但实际情况并非总是如此。以下是我们曾访谈过的某位管理者的经验之谈。

我们曾经将员工绩效评估会和职业生涯研讨会分开进行。相比之下，我们发现，很多员工会提出个人成长和学习新知识的要求，这些其实都是留才面谈的好机会。

第6章 慎重选择面谈时机

喝咖啡、吃午餐或散步的时候

有时候，我们也会思考何时与员工面谈最为合适。例如，我们曾选择散步时与员工进行面谈，但这仅适用于我们。你是否了解你的员工喜欢在什么场合面谈？有一位管理者每年至少请员工出去喝两次咖啡或吃午餐，他这样做的目的，就是为了更了解手下的员工，也让员工多了解他。每次请员工喝咖啡或吃午餐的时候，他脑海里都会提前想好一些与留才面谈相关的问题。

离职面谈的时候

这个场合也是可以的，但却不是理想的面谈场合。一般而言，当员工的一条腿已经迈出公司大门的时候，你已经来不及把他们拉回来了。但是，假如你确实不想失去这名员工，此刻还是可以挽留一把的。以下是曾经的某位访谈者告诉我们的一个真实案例：

> 有一次，我问了一名即将离职的女员工这样一个问题："你留下来的条件是什么？"正是这个问题，让这名员工回心转意了。之前，她并没有提出升职要求，而是接受了另一份工作邀请。当她提出辞职时，我对她说无法想象失去她这样的人才，而且承认自己既没有经常夸奖她，也没有问过她想要些什么。她同意再留下来一段时间，而且制订了一份个人发展计划，直到按计划取得她想晋升的职位。

在最恰当的时机

有时候,当时机成熟时,留才面谈就会自然而然地发生。最终,你和优秀人才之间的每一次交流都可能具有正式留才面谈的效应。下面这段话是我们曾指导过留才面谈技巧的某位管理者关于面谈的心得。

> 我已经学会如何进行留才面谈,而且将与员工面谈当成一种习惯。我会经常安排时间与员工谈话,后来,这种对话自然而然地发生了。当员工下班路过我的办公室,想跟我道个晚安时,如果合适的话我们会聊聊工作和人生。我觉得这是一个非常恰当的时机,可借此机会告诉这名员工,他对团队有多么重要,然后问问他感觉如何,以及什么能让他留下来,而且最好是一直留在团队里。

虚拟办公室的面谈

许多大型跨国企业员工遍布全球各地,一些管理者需要管理跨国团队。为了将工作做好,这些管理者在某种程度上要和这些身在远方的优秀员工保持更紧密的联系。

一位在跨国公司任职的管理者说,尽管面对面会议是比较理想的,但他和他的团队可以通过电话、Skype或其他流行的沟通平台完成工作。他们现在已经习惯这种沟通方式了。他经常与手下的驻外优秀员工进行留才面谈。他说,无论团队中的这些优秀员工在哪

第6章 | 慎重选择面谈时机

里工作和生活，这些交流对于加强团队凝聚力都至关重要。

令人尴尬和不顺利的留才面谈

我们访问过很多管理者和员工，以下是他们讲述的最有代表性的、令人尴尬的和进展不顺利的留才面谈经历。

- "我的上司在办公室过道里问我职业生涯下一步有什么打算。我觉得她想解雇我。"
- "我发现，通过电子邮件进行沟通不太有效。下次我会尝试面对面沟通或用 Skype 进行沟通。"
- "有一次，我的上司酒后与我面谈，然后问我留在团队的条件是什么。当我刚开始回答他这个问题的时候，他居然打起瞌睡来。"
- "我对一名员工进行了一次不愉快的绩效考核，然后我问她有何期望和梦想。但我和她谈到最后，竟不欢而散。"
- "面谈一开始，我的上司就说是他上司要求他这样做的。哎……"
- "我的上司真搞笑，有一次在洗手间问我怎么样才能留下来，洗手间难道是面谈的地方吗？"

面谈次数多多益善

今天，职场人员流动越来越频繁，留才面谈已经成为管理者的

一种日常行为。这些面谈相当重要。有一位管理者曾说过:"没有任何事情是可以一蹴而就的"。当你与员工进行一次愉快的留才面谈时,你就开启了一系列持续不断的对话。这也意味着你在对你的优秀员工做出承诺,表达你会经常询问他们的需求,并且希望他们不断地告诉你,他们在工作上需要增加或减少哪些事情。你也希望他们在需要支持的时候主动找你,因为你有可能忘记询问他们的需求。

总之,作为管理者,你要灵活地掌握面谈的方式、时机和场合,花点儿时间跟这些你不能失去的人才好好谈一谈。顺便说一下,节省时间的一个办法就是留意别人不太注意的线索。请继续阅读下一章,我们将会研究这些线索。

(你会利用时间吗?)

阅读与思考

留才，先培育人才

企业不重视人才培育，往往是害怕投入成本培育人才。其实培育人才，才是留住人才最好的方式。只有建立健全人才发展制度，企业才能在变动的环境中持续经营。

许多研究表明，人才跳槽到其他公司，往往是因为公司没有为其提供足够的成长机会。所以，企业培育人才，正是留才的有力工具。

企业从别的企业挖人才，虽然是必须手段，但除非组织真的陷入危机，否则由外部挖来的高层领导人的存活率通常不超过50%。而通过内部培育人才，不但可以提高士气，还可以降低成本，是企业竞争力的来源。

大多数企业以结果为导向进行的绩效评估也导致企业不愿意投资人才，造成人才数量锐减。公司规模渐大，往往职位分工越细，专业分工越明确，人才无法流动轮岗，从而缺乏通才。而什么都会的通才，恰恰是企业最需要的。

如果希望培育人才，人力资源部门就应与其他部门通力合作，建立人才培育体系，让人才在企业获得更好的发展。

大环境不断变动，企业需要观察情势，随机应变，甚至创造适合生存的经营模式，但唯一应该坚持不变的是培育人才。因为外部挖角看似方便，但让其快速上手却不简单。只有内部培育出的人才，才是最了解公司、协助公司成长的最佳人选。

HAVE YOU NOTICED LATELY?

第 7 章

警惕员工的反常行为
凡事必有因，请于细微处见端倪

作为一名高效的团队领导者，要留意那些无比热爱自己工作的绩优员工。与此同时，一旦员工丧失工作激情，就要观察他们是否正在考虑离职。实际上，员工离职之前有很多蛛丝马迹，关键在于你知不知道在哪里寻找这些线索，它们隐藏在员工的一些行为表现和职场状况中。如果不加改善的话，这些状况会一步步推动员工离职。

HAVE *you* NOTICED LATELY?

第7章 警惕员工的反常行为

你最近注意到一些优秀员工的反常行为了吗？注意到了什么呢？

作为一名管理者，要不断地对每一名你想挽留的员工进行留才面谈，让这种对话成为日常管理的一部分。作为一名高效的团队领导者，要留意那些看起来非常投入工作、喜欢与你共事而且无比热爱自己工作的员工。与此同时，还要留意那些出于某种原因丧失工作激情的员工，观察他们是否正在考虑离职。

现在，请你回忆一下上一名优秀员工离开你团队的情形。在他离职前，你是否想到他会辞职？下面是我们访谈过的一位管理者告诉我们的真实故事：

> 一天，我的一位非常优秀的员工走进我的办公室。她手里拿着一封信，看上去心事重重。她说她刚刚找了份新工作。这让我大吃一惊。她是公司的核心员工，一直在从事一个特殊项目，而负责这个项目的跨部门团队都是由经过精心挑选的人员组成的。我问她为什么想离开公司，她说她看不到自己的晋升空间，而且这个项目也已接近尾声。公司内部没有

人跟她探讨过职业发展道路和晋升机会，包括我在内。她非常迷茫，工作得并不开心，而我却浑然不知。

像上面这位管理者不知道核心员工准备离职的情形，其他管理者也经常遇到。但实际上，员工离职之前有很多蛛丝马迹，关键在于你知不知道在哪里寻找这些线索，它们隐藏在员工的一些行为表现和职场状况中。可以预见的是，这些状况会一步步推动员工离职。首先，让我们看看一些会让员工离职的状况。

换位思考

设身处地地为你的优秀员工考虑一下，假如遇到以下状况，谁还会有工作热情呢？

项目临近尾声，前途未卜

上面那个故事中的员工很热爱她参与的项目，这个项目对她来说是一份难得的经历，她在这个过程中认识了很多出色的同事。随着项目即将结束，她产生了一种恐惧感，因为公司内部没有任何人跟她谈论下一步发展计划。

请注意：你的员工正在从事的项目是否接近尾声？他们是否正被竞争对手觊觎？你是否跟他们探讨过下一步的工作计划？

晋升无门，缺少学习提高的机会

你肯定听说过"玻璃天花板"理论，即女性在职务升迁上遇到的无形障碍，但你是否听说过"灰色天花板"这一概念？它是指美国"婴儿潮一代"所从事的工作。如今，年轻一代想接手这些工作，但他们的前辈仍然紧抓不放，甚至到了传统退休年龄，他们仍然在从事这些工作。

> 请注意：你的公司或团队中哪些人会因为"灰色天花板"、削减预算或公司政策而感觉职业发展道路受阻？你是否与这些员工探讨过可行的应变措施？

长年累月从事同一项工作，产生职业倦怠感

有些人喜欢数十年做同一件事情，而有些人则渴望追求新事物，要知道你想挽留的人才属于哪种人，这点很关键。

> 请注意：哪些员工长时间从事类似的工作？你有没有跟他们探讨过他们是否对这项工作持续感兴趣？

员工福利被剥夺

无论是工资、津贴、补助，还是停车位，甚至是办公室的免费咖啡，都是员工享有的福利。假如你想取消其中哪怕很小的一项福利，都

要冒着极大的风险。人们不喜欢被剥夺已享有的福利。曾经有一家公司的首席执行官对员工宣布,为了削减运营成本,公司决定停止茶水间供应的免费咖啡,结果差点儿引起部分员工罢工。对管理者来说,取消员工的某项小福利似乎没什么大不了的,但这会让你所重视的人才产生离职的想法。他们甚至会寻找一家能够在茶水间提供免费咖啡的公司。

请注意:哪些员工不喜欢被取消哪些福利?你是否深入了解过他们的想法,或者对他们所失去的福利或待遇表现出同情?你是否让他们意识到,这些福利只是华而不实的东西?

与上司关系不佳或从未互动

许多研究表明,多数员工离职的原因不在于公司,而在于管理者。当然,这只是通常而言,也不排除员工因公司的原因离职。但你不妨回想一下,你和手下每一名优秀员工的关系如何?然后考虑一下,如何才能改善这种重要的人际关系。

请注意:你知道自己与手下员工的关系有多好(或者多差)吗?你是否问过他们,怎么才能让你们的关系得到强化呢?

公司最近在裁员或即将裁员

可能公司最近在裁员,或者无论公司高层领导是否打算裁员,

但小道消息满天飞。员工都知道公司准备裁员，而他们都会因此受到影响。他们可能会失业，或者可能被要求一个人干两份活。无论哪种情况，都是他们不愿意看到的景象。

请注意：你所在组织是否正在发生变化？你是否要求优秀人才与你共渡难关？你是否提醒过他们，你是多么需要他们？

好友离开了公司

研究表明，在职场中结识的朋友能对员工的敬业程度、工作效率和留职率产生重大影响。人们喜欢与合得来的人共事。当优秀员工离开公司的时候，他们的朋友也开始寻找新的工作机会。

请注意：你是否考虑过留下来的员工的感受？尽管他们的朋友已经离职了，但你是否记得请求他们留下来？你是否找到新项目或新任务，让他们有机会与其他人共事并建立新的关系？

缺乏清晰的职业发展规划

在你看来，也许"职业发展规划"已没有意义，或者早已过了职业规划的年龄；也许你再也没有明确的职业发展方向。但是，你手下的优秀员工希望有明确的学习和成长机会，他们想挣更多的钱，

获得更多成就，得到别人的认可，丰富自己的人生阅历。如果这些愿望都没有实现的可能，他们往往就会离开你。

请注意：你有多长时间没有跟手下的优秀员工讨论过他们的职业目标了？你是否想过帮他们开拓思路，寻找新的学习机会和提升技能的方法？

火爆的求职市场

火爆的求职市场通常意味着人才抢夺大战，人才简历满天飞。就在一夜之间，经济貌似突然复苏了，而你手下的优秀人才又有了更多的就业选择。

请注意：你是否与员工公开探讨过求职市场的好转趋势？你是否希望员工不要被外部的诱惑所干扰？你是否承认求职市场的这种变化，并再一次告诉他们，他们对你和整个团队有多么重要？

离职前的蛛丝马迹

你已经注意到，有些人可能会因为上述状况而考虑离职。当然，只有通过亲自询问他们，也就是通过留才面谈的方式，你才能知道他们的真实想法。

第7章 | 警惕员工的反常行为

那么，打算离职的人会表现出哪些征兆呢？无数的管理者告诉我们，他们早在员工提出辞职之前就知道他们有二心了。我们问这些管理者，他们是怎么知道的？员工的行为跟平时相比有什么不同？他们表现出哪些离职的征兆？以下是一些征兆：

◆ "她以前在开会的时候踊跃发言，但现在很安静。似乎已经心不在焉。"

◆ "他现在每天都迟到早退，而且吃午饭的时间很长、很长。"

◆ "他们要离职的征兆就是在网络上更新自己的简历。事实证明，每当此时，他们就是在寻找新工作了。"

◆ "当他们不再自愿参加特别工作团队或特殊项目的时候，我就非常担心他们已经没有工作激情了。"

◆ "当某个原来性格乐观的员工突然变得沉默寡言时，我会想到底发生了什么事。这可能是由于其他事情造成的，也有可能是工作造成的。"

◆ "有名员工让朋友看他在网上找到的工作机会，这消息被传出来了。"

- "一位年轻员工更新了自己的简历,然后请几位同事帮他看一下。"
- "他们以前经常参加周五晚上的办公室聚会,现在却不参加了。"

在上面这些征兆中,你见到过几个?当然了,在匆忙得出结论之前,你要跟员工好好谈一谈你所留意到的这些征兆。

你是否保持了警惕?

当你所在的组织或团队正在发生一些变化时,你是否保持足够的警惕?请你务必持续关注某些状况或征兆,防止核心员工因外部诱惑而离职。

要避免这样的事情发生,请你最好尝试以下方法:

- **思考**:把每一个直接下属的名字在脑海中过一遍。
- **观察**:观察他们在未来一周的表现。你发现了什么?他们的工作和行为方式与以往有什么不同?
- **倾听**:认真倾听他们对你、对同事和对客户所说的话。

然后问问他们,对于那些有可能促使他们考虑离职的状况,他们有何看法?接着,再问一下他们,他们所表现出的某些征兆是否意味着他们对工作或公司不再感兴趣,或者对你不够满意?然后针

第 7 章 | 警惕员工的反常行为

对不同人员,立即展开不同方式的留才面谈!

对某些人而言,掌握留才面谈技巧易如反掌,而有些人则需要持续不断地练习。对于后者,不妨这样想:你不可能初次尝试就学会骑自行车吧?得多加练习,才能掌握骑车的技巧。想多了解一些留才面谈实践技巧,请继续往下看。

阅读与思考

11招教你识破即将离职员工的表现

员工离职前，都有意或者无意表现出一定的"预兆"，这是一个人内心真实想法的外在表现，往往是可以察觉到的。作为管理者，当你发现你的核心员工有以下一项或多项行为时，就意味着你要找个适当时机与他们谈谈了。

上网投简历。如果公司的人力资源部从求职网站搜到员工的最新简历，那就意味着他打算离职了。

参与度减少。在会议上向来发言积极的员工突然变得安静，或没什么特别原因也不愿意参加周末的集体活动。当一名优秀员工整体的团队参与度降低时，就要特别注意了，因为员工即将离职的最大征兆就是对工作上的一切事情都漠不关心。如果是管理者打算辞职，那么他可能会变得更温和，待人处事更轻松愉快，也不急于在最后期限前完成工作任务。

仪容仪表变化。一个人在工作场所仪容仪表和行为举止的细小变化可以传递出很多重要信息。比如，如果某个员工平时穿着比较随意，但最近经常穿正装，有可能是经常出去参加面试。如果他在空会议室或人少的地方长时间打电话，肯定是在酝酿什么。

当然，上述迹象以及员工的一些其他举动，有可能只是一些个人日常生活上的问题，所以管理者不能想当然地直接认定员工就是要离职。但值得注意的是，主管对关键员工行为举止的任何变化都要有所关注。当员工的举止有异时，管理者应及时与其面谈，以清楚了解情况。

办公室恐惧症。考虑离职的员工，往往会找各种借口远离办公室，比如频繁请病假，上班迟到等。这些迹象表明，他可能利用病假和上班空档去面试。一个对工作不满的员工，一般都讨厌星期一，因此管理者要特别留心"星期一缺勤者"。

工作效率变低。如果一个勤奋的员工突然变得懒散起来，应该有所警惕。比如：工作主动性减弱，只是完成上级交待的任务；频繁推迟完成工作的时限；对于下周的工作准备不充分等。如果一个员工周一清晨上班时，都没有做好本周的工作安排，甚至连这一天的行动计划都没有，那肯定有问题。

对工作热情明显减少。和以往相比，员工工作劲头和工作效率大打折扣，明显出于应付，上班时心不在焉。这就意味着，他的心可能已跑到即将上任的新岗位上了。

经常抱怨和争执。员工经常提出反对意见，可能是拖延时间等待正式宣布辞职的一种策略。当接到一项新任务或工作要求时，员工可能会说"让我先研究一下""我忙不过来"或"我觉得这么做不管用"等。在某些情况下，员工甚至开始抱怨工作，或者开始说老板或公司的坏话。这可能会影响团队其他成员的情绪，从而伤害公司的整体利益。

公开谈论其他公司。如果员工经常赞赏其他公司的企业文化，贬

低自己的公司，就是可能辞职的迹象。对工作不满意的员工，可能会谈论以前就职的企业，以及在一家新公司可以拿到的薪酬福利水平。他还会将公司与其他公司比较，就像一个不满意的丈夫会拿妻子跟别的女人做比较一样。

经常往家搬东西或收拾自己的东西。员工每天高频率整理文件和私人物品，办公桌面前所未有的混乱或整洁，并陆续将自己的东西分批拿回家。这些现象说明，员工可能准备一走了之，以便离职时轻装撤退。所以，管理者要留心观察核心员工的一些行为细节，以便及早发现问题。

频繁请假。如果一个一向遵守工作纪律、从不轻易请假的员工突然开始频繁请假，主管就要考虑他是否准备跳槽，因为他请假的目的可能是联系新单位，或做一些应聘准备。既然准备跳槽，他就再也用不着像以往那样积极表现了。

和周围人的关系变化。喜欢恭维人的人不再积极恭维领导；喜欢传闲话、打小报告的人开始"自律"；热心"公益"活动的人也不再乱掺和……绝不是这些人懂得做人或变成熟了，而是他们马上要离开这里，用不着再让自己受委屈。他们会神神秘秘地接电话，会说"到时再说""等会再打给你"之类的话语。这些迹象表明，他已"身在曹营心在汉"了，只等这个月工资发下来就走人。

当员工已经下定决心离职时，他已无所顾虑，不必再看上级的脸色。因此，如果员工态度突然变差，很可能是不满意工作或人际关系而要离职的迹象。如果平时脾气不大好的员工，态度突然变好，那就是他找到了另一份工作,希望走时给公司的同事留下一个好印象。

不过,如果是职业素养很高的员工,那么即便是最后一天上班,也依然会像平常一样好好工作,认真负责。

DOES PRACTICE MAKE PERFECT?

第 8 章

积累你的面谈技巧
面谈次数越多，对面谈的掌控就越得心应手

"留才面谈很容易开始，过程更简单。"你越经常进行这种面谈，它就会变得越简单，无论对你还是你的员工而言都是如此。只要快速学会面谈方法，定期加以运用，并把它作为你和优秀员工之间正常对话的一部分，你就会找到自己最擅长的开场白和面谈的最佳场合。当然，还有你提出的最有效果的问题。

DOES *practice* MAKE *perfect?*

第 8 章 | 积累你的面谈技巧

熟能生巧吗？答案是肯定的。不断的实践就算不能让你变得完美，也能让你变得越来越熟练地掌握某种技巧。

我们问过许多管理者，他们为留才面谈做了哪些准备？以下就是他们给我们的一些答案。其中哪些方法是你已经用过的？又有哪些新方法可能会适合你？

试试运用"第六感"

看到这里，你一定会大惑不解，"第六感"不是一个名词吗？没错，现在我们也可以把它当成一个动词，其含义就是：你为留才面谈所做的准备工作。

曾经有一位医院的管理者告诉我，她是如何凭直觉留下一位优秀护士的：

> 她很出色。说实话，她是我们所聘请的护士中最优秀的一位，我不能失去她——我是否太脆弱了？在问自己这个问

题的同时，我还考虑了另外几个问题。例如：她在这里工作愉快吗？是否缺少什么东西？她准备好迎接新的挑战了吗？但我的第六感告诉我，她可能想学习新技能，或者她早已规划好要从事更重要的工作了。后来与她面谈时，她的回答果然印证了我的直觉。

上面的案例中，尽管管理者对员工的心理动机只是一种猜测，但这种猜测源自于对优秀员工所知、所见和所闻的关注。这不是幻觉，也不仅仅是一种直觉——当然直觉在其中起到了一定作用。

第六感有助于你对各种可能性及早做好准备。当你问员工"什么样的条件能让你留下来"时，对方可能会向你提出一些有挑战性的要求，而第六感会让你提前做好心理准备。这些提前准备非常有助于接下来的面谈工作。

找到共同语言

我们曾经和一位销售经理聊过天。他说，他一直不知道面谈时如何与团队成员打开话匣子。因此，他决定像会见重要客户那样，在面谈开始时首先说"感谢你今天与我见面"，然后再把话题转移到他预先准备好的开场白上。

以下是你可以用于留才面谈的常用开场白，请从中选择符合你真实想法的语言吧：

第8章 积累你的面谈技巧

- "我希望你能知道，你对我和这个团队有多么重要……"
- "也许我没有经常对你这样说，但你要知道，你是我团队中的一位关键成员……"
- "我很高兴你能加入这个团队，我很想多了解你一点……"
- "最近这里发生的事情有点儿疯狂……"
- "你知道的，我们公司最近正在裁员。我只想让你知道，你不会受到裁员的影响，我需要你留在团队里……"
- "在过去这几个月里，你表现得非常出色……"
- "有4个人告诉过我，你最近带领项目团队出色地完成了一项重大任务……"
- "从我们过去的谈话中，我看得出来你对……感兴趣。"
- "上次我们聊天的时候，你说过你想深入了解……"
- "在未来的岁月里，我希望和你多一些这样的谈话，现在只是开始而已……"
- "你一直是我的得力助手……"
- "没错，我最近看了一本关于此类谈话的书。我需要进一步了解你想从工作中得到什么东西……"

面谈时的开场白应该因人而异，但管理者心中一定要谨记对方喜好的谈话风格、谈话环境和沟通方式。

找到共同语言的另一种方式就是向对方发出邀请。邀请某个人进行这种重要谈话的方式有很多种。有位财务经理告诉我们，他认

为这种邀请一定要正式,这一点非常重要。在与一名核心员工进行面谈之前,他给对方发了一封电子邮件,让对方先考虑一番,提前做好准备。邮件内容如下:

> 你好,莎拉。我期待着我们下周能一起边喝咖啡边聊天。我曾说过,我希望我们可以聊一聊你的长处、兴趣和价值观,以及我们是否在你当前的工作岗位上充分运用这些东西。在未来几周,我想和你探讨一下我们如何才能愉快地合作,以及如何在接下来的这几个月的时间里提高你对工作的满意度。你是我们取得成功的关键人物,我们希望你能够一直在这里工作下去。

留才面谈技巧练习

你有多久的留才面谈经验?几年?几个月还是没有?视答案的不同,你可能要进行大量练习才能很好地掌握面谈技巧。毕竟,这些谈话会影响到你手下优秀员工的去留。现在我们提供多种练习技巧供你选择,希望你从中找到适合自己的练习方法。

自问自答法

贝弗莉最喜欢的方式就是自问自答。她先想好要问员工什么问题,然后对她自己发问;接着,她留意自己有何反应。什么样的问

第8章 积累你的面谈技巧

题会让她陷入深思？什么样的问题听上去太具有侵略性？什么样的问题有助于她和员工进行更深入的探讨？她说："对我而言，这是个非常好的方法，我可以为即将到来的留才面谈挑选我最喜欢的问题。"贝弗莉最喜欢问自己的问题包括：

- 我为什么要留下来？
- 我的工作动力是什么？
- 我想深入学习哪方面的知识？
- 我的工作给予我怎样的兴奋感？我上一次从工作中获得这种感觉是什么时候？
- 我喜欢跟谁合作？我怎样才能加深与他的合作？

角色扮演法

莎朗建议管理者在办公室、家里或酒吧里找个练习的伙伴，这个伙伴扮演核心员工的角色。管理者想象要留住这名员工，该如何为员工着想。然后，运用第六感想象那个人可能想要的东西，并迅速写下来，与练习伙伴一起分享。就这样，她创造出了自己的开场白。

接下来，她们要进行对话！练习伙伴把这当成是真实的场景，并极力获取她真正想要的东西。她们会通过一些问题进行讨论，例如："在面谈过程中，管理者哪方面做得最好？"或者"她要在哪方面做出改进？"，然后将自己获得的反馈信息记录下来。

同伴练习法

在一个为期两天的领导力峰会上，一家企业的总裁决定向与会者介绍"留才面谈"这一概念，让大家知道这是在全公司范围内提升员工敬业精神和留才率最有效的手段。在场的120位领导就留才面谈向他提出了很多问题，以下是他们的互动记录：

留才面谈简介。在前面我们已经讨论过这种对话的重要性、难度和我们逃避对话的原因。我们提出了应对棘手要求的4个步骤，并举了一些例子。

角色扮演活动。我们把参与者分成若干个三人小组，每个小组包含一名领导、一名员工和一名观察者（兼记录者）。每个小组都要进行3次留才面谈，每次3个人都要互换角色，这样每个人都能体验不同角色。然后，各个小组对练习效果进行讨论。

在全公司范围内开展留才面谈的行动计划。我们起草了一个计划，该计划包括分组工作内容、为所有人创造期望、创建时间表、制作面谈表格、制订跟进方案，然后进行监督和汇报。

学以致用法

想做就做。一位管理者对我们说，他不想和同伴练习，也不想以问诊的方式进行练习。他说他更认同"学以致用"。他提出了一些能够增加成功概率的指导方针，这些方针也许能帮助其他人：

从你最赏识的员工开始。没错，我们都有自己赏识的员工，而这些员工也很可能非常欣赏你。这样的关系创造了一种积极的氛围，你可以在这样的氛围中进行任何谈话，包括留才面谈。

慎重考虑留才面谈的时间和地点。尤其当你在学习的时候，你需要一个轻松的环境和时间段。

做好准备工作。不要打无准备之战，留才面谈是一场非常关键的谈话，只有当你集中精力做好准备的时候，面谈效果才是最好的。

收集反馈信息。与你的重要员工进行谈话之后，问他一个问题："你觉得面谈效果如何？我应该做哪些改进，才能让面谈效果更好？"

提问、提问、不断地提问

通常而言，管理者与员工面谈如有较多可供选择的问题时，面谈过程就会更轻松。在过去的 16 年里，我们一直在研究"如何留住优秀员工"这个问题。我们发现员工的敬业精神和工作满意度与管理者有着莫大的关系。另外，我们还发现，成功的管理者通常在以

下3方面做得非常好：

- ◆ 鼓励员工发展和成长。
- ◆ 形成一种能够培养员工忠诚度的管理风格。
- ◆ 营造一种员工喜爱的工作环境。

因此，我们建议管理者准备留才面谈的问题时，应重点选择及提出与上述三方面相关的问题。

鼓励员工发展和成长

有人认为，每个员工都想升职，其实这是一种谬论。我们所做的研究表明，人们希望在工作中得到成长，学到更多东西，接受更多挑战，增加自身在人才市场上的竞争力。管理者在面谈时提出以下问题，可帮助你了解到员工想从你和公司这里获得什么：

- ◆ "你的同事最看重你的哪些团队合作技能？你是如何知道这点的？根据他们的反馈信息，你最希望提升哪些技能？"
- ◆ "在接下来的两三年时间里，你最想做哪些事情？"
- ◆ "在工作当中，哪些方面最让你感觉充实？"
- ◆ "你从我这里得到了你想要的指导吗？从其他人那里呢？"
- ◆ "在公司你发现了哪些机遇？或者你希望寻求哪些机遇？"
- ◆ "你在这里发现了多少个不同的目标和发展路径？"

- "我应该如何帮助你与团队中的其他人进行交流？"

形成一种能够培养员工忠诚度的管理风格

"忠诚"不是老生常谈。随着时间的流逝，"忠诚"也许在形式上有所变化，但它并没有过时。管理者的管理风格与员工对你和你所在组织的忠诚度有着很大关系。那么，你的管理风格是如何发挥作用的呢？你可以借助以下问题找到答案：

- "你喜欢被人认可吗？你想得到回报吗？"
- "你需要从我这里得到什么样的支持和指导？你缺少哪方面的支持和指导？"
- "你希望我在哪方面给你更多反馈？需要我表扬你吗？"
- "我要如何帮助你，才能让你在工作中有成就感？"
- "这份工作是否符合我最初的承诺？我们在哪方面合得来，哪方面合不来？我们该如何纠正错误？"
- "我们在哪方面比较相似？又在哪方面存在分歧？这些分歧会如何阻碍我们的交流？"
- "如果我做出转变，你是否会感到高兴？如果你的工作有所变动，你是否会兴奋？"

营造一种员工喜爱的工作环境

"文化能把战略当早餐吃掉。"这是很多管理者知道的一句名言。

据说,此话出自彼得·德鲁克之口。大多数人都认可这个观点。企业文化能让个人与组织之间产生默契或间隙。作为一名管理者,尽管你无法左右一个企业的文化,但你可以对你所在部门的文化产生深远影响,并帮助你的员工从职场中获得更多他们想要的东西。如果你想深入了解员工的想法,请尝试向他们提出以下问题:

- ◆ "你适应这儿的工作节奏和工作计划吗?它对你产生了哪些不利影响?我们需要对哪方面做出调整?"
- ◆ "你觉得我们这个团队最看重什么?"
- ◆ "在我们的企业文化当中,最让你惊讶的事情是什么?"
- ◆ "对你来说,最难做出的改变是什么?"
- ◆ "有哪些事情是你后悔没有早点知道的?"
- ◆ "我们的工作环境是如何让你获得乐趣、健康和养家糊口的?我们如何在这些方面做得更好?"
- ◆ "在我们的企业文化背景下,我如何才能帮助你获得更多你想要的东西?"

没错,熟能生巧

有些人告诉我们:"留才面谈很容易开始,过程更简单。"说得好!你越是经常进行留才面谈,它就会变得越简单,无论对你还是你的员工而言都是如此。你很快就能学会定期运用这种面谈方法,并把

第 8 章 | 积累你的面谈技巧

它作为你和优秀员工之间正常对话的一部分。你会找到自己最喜欢的开场白和面谈的最佳场合。当然了,还有你最爱问的问题。想听一些真实的案例故事吗?请阅读下一章。

 阅读与思考

留才面谈时的技巧&要点

面谈的过程也是沟通的过程。以下着重谈谈管理者在挽留人才时面谈的技巧与注意事项。

以朋友的心态参与面谈。面谈的成果取决于两个主要方面：其一是对方是否愿意和你做实质意义上的沟通，把他的心里话告诉你；其二是对方是否相信和你沟通是有用的，反过来说，就是你能否让对方相信你有这个能力和权力去落实面谈过程中达成的各项协议。

如果你不仅是对方的上级还是对方的朋友，要做到第一件事比较容易，因为即使你不一定能够帮助他，但至少可以让他相信你绝不会伤害他；如果你的级别够高，要做到第二件事也比较容易；如果二者都不是，你更应该以一种朋友的心态参与面谈，要让对方相信，作为朋友，虽然有些事你没有权力作出最后决定，但一定会把他的期望和要求反映上去，并在自己的能力范围内尽力为他争取应得的利益（在现实中你也应该这样做）。记住，在面谈过程中，你没有必要强调自己的上级身份，因为它已是一个事实，会自然而然地留在对方的潜意识里，不管他是否把你当成朋友。

站在对方的角度来考虑问题的合理性。以朋友的身份帮助对方分

析事情的利与弊，站在对方的角度考虑问题，提出自己的建议。这样，就可以让对方感受到你的诚意，让他相信你不是仅仅基于公司的利益来考虑问题的，你也在为他考虑。一旦消除对方的敌对心理，双方就可以一步一步敞开来聊。

当你有能力落实一些问题时，应让对方相信。如果你确定自己有权力决定并落实对方提出的一些合理要求，可以在现场果断拍板。这不仅可以让对方看到面谈取得的成果，还可以让对方感受到你的魄力，增强对你的信心。这样，即使一次面谈不能解决问题，对方也会乐意继续参与后续的面谈。

以小的让步谋取大的利益是问题的关键。对方可能会提出一些小小的要求，这时，不要在是否合理这个问题上与他纠缠。因为如果对方觉得他一个小小的要求你都没法满足，就不会对这次面谈抱有什么期望。作为他的上级，应该把眼光放远一些，从全局得失的角度来考虑问题。如果在小的方面能让对方认为你很爽快，他就会相信你真的有诚意解决问题。那么，在某些大的方面，对方可能就会不好意思过于执着，也会在适当的时候作出一些让步。这样一来，面谈取得成果的机会就会增加。

准备充分客观的数据来证明对方利益的存在，最好让对方提出最后的结论。说服不能仅仅依靠讲道理，还要摆事实。如果事先能准备一些与对方密切相关的客观数据，证明对方利益的存在，说服力就会成倍提高。当某个人离职的原因是觉得薪酬偏低，而新的单位向他承诺了更高的薪酬。说服者可以拿出网络上关于那家企业的一些离职人员的爆料，告诉他，虽然那家企业开出的薪酬要高一些，但是该公司的员工普遍抱怨平时干活非常累，经常需要加班到很晚；并且，自XXXX年以来，新员工如果没有干满两年，一般很难获得较大的薪酬调整机会，而职位晋升机会一般都优先考虑资质较老的员工，福利方面还不如现在的公司。然后和对方一起算一笔账，最后得出一个结论：在实际收入方面，两家企业虽然有差距，但差距并不像他预想的这么大。看到对方心"动"了，说服者可趁热打铁拿出他的方案……

最好把最后的结论留给对方提出，因为人性有这个弱点，在做与自己切身利益相关的判断时，不会轻易接受他人的观点，特别是在知道对方是有个人的目的后更是如此。

要打消对方因为面谈导致的后顾之忧。这是最容易令大多数人忽视的问题。如果你找辞职的人面谈，他们是有后顾之忧的。常见的情形有：多数企业对离职时间都有明确的规定，一般要求提前15~30天提出申请，辞职人员如果已经找到了新的工作岗位，通常是按提出离职的日期推算，与新单位约定好入职时间的。如果他们提出离职后你约他面谈，他会担心，万一面谈不成，企业会不会把最后批准离职的日期视为其提出离职的实际日期。为了避免对方有这样的心理负担，作为说服者，在面谈中应该告诉他，找他面谈的目的是希望能够留住他，不管面谈的结果怎样，最后的决定权在他手里。如果他坚持要离开，企业会尊重他的选择，在做好工作交接后，可以在多少天内为他办好离职手续，绝不会有意刁难他，因为这样做对企业没有任何意义。

另外一个常见的情形是，在面谈过程中，对方会提出一些与个人利益直接相关的要求。如果对方觉察到企业是在迫不得已的情况下才答应他的要求的，会担心企业会不会等到他没有这么重要的时候进行"秋后算账"。如果企业要"算计"一个人，那么作为员工，基本上没有反抗的能力，与其如此，不如趁早离开。有这种想法也是可以理解的。作为说服者，需要做的就是让对方相信，不管结果怎样，对他个人来说只有收获，没有损失和任何的负面影响。最有效的方式是利用一些"先例"来增加可信性和说服力。

提倡因人说法，利用对对方为人和性格特点等方面的了解，寻找最容易打动对方的方法。每个人的性格特点和处事风格都不同，有些人比较讲义气，有些人比较容易受感动，有些人非常诚实并且守信。有些人"认人不认钱"，如果他尊敬和佩服的领导亲自挽留他，其说服力可以上升，事半功倍；有些人"认钱不认人"，更注重面谈的成果。这样一来，类似的情形，同样的方案，可能会说服某些人，但对另一个人却没有什么效果。正因如此，我们特别提倡"因人说法"，说服者应该基于对对方的了解，努力寻找最容易打动对方的解决方案。

适当附和可以消除对方的敌对心理。绝大多数人都有这样的经验，聊天也好，面谈也好，如果双方有共同的兴趣和爱好，特别是对同一件事有共同的观点和见解，就很容易产生共鸣。他们经常会聊得有声有色，即使期间有人提出了一些新的看法，也经常会被其他人附和甚至接受。原因很简单，他们彼此已经把对方视为同道之人。

适当附和可以消除对方的敌对心理也是基于这个道理。离职人员或多或少在某些方面受到了委屈，或对一些发生在他身上的事心存不满。如果对这些事，你的看法与他有较大的不同，不要轻易表现出来，适当地附和能够让对方觉得自己的观点得到了部分的支持，也能够给对方一些安慰，甚至能让对方感到"你是站在他这一边的"。这样，他可能会不知不觉地把你视为同道之人，对你的一些观点会听得进去，一些本来棘手的问题可能会出乎意料地得到解决。

需要注意的是，附和是有限度的。如果不假思索地同意对方的观点和看法，很快就会陷入被动。因为作为一名管理者，必须同时兼顾员工和企业双方的利益，这是你的职责所在。面谈到一定阶段，难免需要"讨价还价"，如果完全站到对方一面，就很难在两方利益中作出平衡，因为你不能在支持了对方的观点后再出尔反尔。

另外，附和应该是对事不对人的，这一点很重要。如果为了安慰一个人而说其他同事的坏话，不管是真是假，传出去的话，你都会非常被动。

讲道理不如提供解决方案。 要做到有效说服，光讲道理是绝对不行的，这样给对方的印象可能是"说的比唱的还好听，但就是没有解决问题"。作为说服者，应该事先准备几套可行的方案，在适当时机提出来和对方协商，才能让对方真正感受到你的诚意。

不要作出不切实际的承诺。随意作出承诺是大多数说服者经常犯的错误，这可能引发两个问题：

第一个问题，对方会发现，只要自己一坚持，就能轻易地达到目的，那么，他的要求自然就会无休无止。毕竟，每个人都希望能获取最大化的利益。

　　第二个问题，"轻诺则寡信"，如果承诺的事情没有能力兑现，不仅不能达到挽留人的目的，个人的公信力也将受损，这对一个管理者非常不利。

HOW'S THAT WORKING FOR YOU?

第 9 章

触动面谈者的内心
面谈是心与心的沟通,留人就要留心

留人要留心!如果你希望那些优秀员工继续留在团队中,并且已经与他们进行了留才面谈,就要真正付出行动,让他们看到你留才的诚意。

留才面谈并非提升员工敬业精神和降低人才流失率的唯一手段,但它是实现这一目标的基础。不进行面谈,你根本不了解核心人才的真实想法。所以,别再瞎琢磨了,亲口去问问他们吧!

第 9 章 | 触动面谈者的内心

留才面谈对你的工作有帮助吗？在过去的 16 年里，我们就这个问题访谈过数以百计的管理者。许多人回答说："我学到了很多……而且已经学以致用了。"

精彩的留才面谈案例

下面我们将讲述 3 个非常成功的留才案例。每看完一个案例，请你回答如下问题：在这次留才面谈中，负责面谈的管理者在哪一方面做得最好？在本章末尾，你可以看到我们对这些管理者出色表现的评价。

留住有潜力的新人

一次，某家公司受市场因素影响，不得不以裁员应对困境。但是，公司管理层希望留住那些具有成长潜力、对公司未来营运有重要影响的年轻工程师。下面我们来看看某位管理者与一位挽留对象之间的面谈内容。

管理者：感谢你今天与我见面。我知道现在形势很紧张，自从公司宣布裁员以来，我就一直很关心你。我想让你知道，我希望你能够留下来。

年轻工程师：说实话，我已经更新了自己的简历，并参加了一两次面试。我想，这周末我就会收到一份工作邀请。我知道，每逢裁员，年轻工程师总是第一批被裁的对象，我应该也在裁员名单中吧。

管理者：你在这家公司前途无限。我会在裁员过程中尽最大能力保护你，我需要你留在这里！

年轻工程师：非常感谢。我喜欢在这里工作，但似乎我迟早要被裁掉，这只是时间问题而已，所以，我觉得我最好还是早作打算。不过，一想到你这么关照我，我还是觉得很高兴。

结果呢？他留下来了。他不断地充实自己，并最终成为公司的高层，为公司的成功做出了巨大贡献。

应对具有攻击性的面谈者

在职场上，不乏有才华但性格张扬的优秀人才。作为管理者，如何与这类员工面谈？如何应对他咄咄逼人的语言？请看下面这位管理者与他的广告总监的这段对话吧。

管理者：非常感谢你今天花时间和我聊天。我想跟你好

第9章 | 触动面谈者的内心

好聊一聊，什么样的条件可以让你在未来长时间内全身心投入工作，并留在我的团队。说说让你留下来的条件是什么吧。

广告总监：从你邀请我来这里讨论我未来的职业规划开始，我就在想我该说些什么。坦白地说，我想坐你那个位子。

管理者：希望你明天换个想法（大笑起来）。好，那我们现在就开始谈这个话题吧。你是否想过，如果真要坐我这个位子，你做了哪些准备？

广告总监：我知道我有很多东西要学，但我又不知道具体要学些什么或者如何去学。

管理者：让我们一起做个计划吧。假设你要干我这份工作，我来想一想你要学习哪方面知识或培养哪方面技能。你也做同样的事情。我们下周五再碰面，对比一下我们的计划，然后制订一份技能训练路线图。你看这样好不好？

广告总监：听起来很不错。我对这个提议很满意。非常感谢！

结果呢?他们一起制订了一份帮助这位广告总监起步的计划。她参加了很多领导力课程,并且承接了各种各样的学习任务。几年后,她的上司升职了,而她也接替了他的职位。

激发职场老将的工作激情

一些资深职场人士经过多年打拼,工作经验非常丰富,但在职业后期,通常对工作心生倦意。如何激发这些老将的工作激情,让他们找到工作的乐趣?请看下面这个案例:

管理者：听说你打算退休了,我真的觉得很遗憾。整个团队都非常需要你。你经验丰富,跟客户的关系也很好,而且对公司的一切几乎了如指掌。我要怎么说或做些什么才能说服你留下来,哪怕再多干一段时间也好?

大客户业务员：谢谢你对我说这番话,我觉得很开心。老实说,我觉得是时候离开公司了。在这个公司里,我真看不出有什么新鲜的或让我兴奋的东西要学。

管理者：如果我们一起寻找新鲜或激动人心的事情呢?

大客户业务员：那会是什么事呢,比如说?

管理者：嗯,我已经注意到,每当有年轻业务员加入团队时,你总是能很好地与他们相处和共事。我认为你天生就是一位导师。假如我们为你度身打造一个导师岗位,你会怎么看?我觉得这个方案对我们双方都有益。

第9章 触动面谈者的内心

大客户业务员：哦……这听起来很有吸引力。我们深入探讨一下吧。

结果呢？这名大客户业务员留了下来，并且多干了两年。他辅导了几名新员工，加快了他们的学习过程，并帮助他们与大客户建立了关系。这些新业务员很喜欢他，而他也很喜欢他们。他不但结识了新人，还给公司下一代销售专员提供了帮助，这让他很有成就感。

哪些经验值得借鉴？

上述3位管理者的做法都有值得借鉴的地方，以下是我们的看法：

第一位管理者：很主动、很有勇气。首先，他指出一个显而易见的事实，即公司裁员会导致员工去寻找新工作，甚至离开公司。当那位年轻工程师说他已经面试过好几家新公司的时候，他并没有做出消极的反应，而是请求他留下来，并且说他会竭尽所能保护他不受裁员影响。他心里很清楚，这位工程师对他来说有多么重要。

第二位管理者：他在进行留才面谈前，心里很清楚这位广告总监想要某种重要的东西，但他不知道的是，她想得到的东西竟然是他的职位！但他在面谈时以一种镇静自若的态度和些许幽默感回应她的要求。提议双方共同制订一项计划，而且并没有因为当场作出承诺而感到有压力。他明确表示这是一个长期的过程，这位广告总监在接替他的职位之前还有很大的提升空间。

第三位管理者： 与前两位管理者一样，这位管理者首先问那名员工是否真的准备退休。他明确指出这名员工对他本人和公司非常重要的原因，然后要求对方留下来，或至少多留一段时间。他仔细倾听对方的话，当员工说到"新鲜"和"激动人心"这两个词的时候，他马上顺藤摸瓜，脑海中开始寻找这位大客户业务员可能感兴趣的事物，最终找到说服他留下来的理由。

行动是留才的关键

与员工进行留才面谈之后，你的任务就完成了吗？不一定。实际上，这只是刚刚开始而已。现在，在你所了解的信息基础上，是时候做点儿什么事情了。你所采取的措施取决于你所听到的要求，你可以实施以下一项或多项措施：

◆ 收集与该要求相关的信息。
◆ 兑现自己的承诺。
◆ 询问对方的进展。
◆ 把你所了解的信息记录下来。
◆ 了解他们想从你这里得到其他什么东西。
◆ 约定下一次聊天的时间。

这似乎很容易理解，但我们还是要把话说明白一些：如果你希

第 9 章 | 触动面谈者的内心

望那些优秀员工继续留在团队中,并且已经与他们进行了留才面谈,就要真的付出行动,让他们看到你留才的诚意。

如何说服对面谈有异议的人?

有些管理者尚未接受"留才面谈"这一概念,假如我们不把他们的观点表达出来,那就显得我们的说法太片面了。以下是一些最常见的反对意见以及我们对此的看法。

管理者:花那么多时间和精力去做留才面谈,对我有什么好处?

我们:对你有什么好处?好处就在于:从此你的员工不再琢磨你是否重视他们,他们会因为你询问他们的真实想法而心怀感激。他们会在工作中更加卖力,并最终留在你的团队,或至少会多干一段时间。

管理者:我的上司从来没有这样对待过我,我为什么要这样对待我的员工?

我们:真为你的上司感到遗憾。也许他从来没想到过要做这件事,或者没有学会如何去做这件事。下次请将这本书作为礼物放在他桌上吧。

管理者:这难道不是在迎合员工吗?

我们:可以这么说。你也可以把它视为战略管理手段。

管理者：可惜时机不对，我们刚刚宣布裁员。

我们：时机正好。忽略那些不确定因素，马上对那些你想挽留的员工进行留才面谈。当裁员结束之后，这些留下来的精英能帮助你迅速回到正轨。

管理者：我没心情搞这个。但话说回来，我是不是该尝试一下？

我们：留才面谈需要真心实意，你对优秀员工所说的每一句话都要言而有信，这一点非常重要。如果你的心思不在这上面，就要找出其中原因，待时而动，对面谈流程或想说的话做相应修改，让它为你所用，然后再尝试一次。

高调收尾

我们认为，以高调结束这本书是很有必要的。因此，我们接下来再举 6 个例子，说明留才面谈会带来哪些积极影响。在某些情况下，留才面谈甚至能挽救大局。

- "一位在我们公司效力 23 年的老员工已经更新了他的简历，并准备把简历投出去。幸好我及时对他进行了留才面谈，并持续跟进他所提出的要求，最终帮助我的团队和公司挽留住了这名关键员工。"
- "我得知一名员工对工作不满，准备辞职。他对工作地点很不满意。在面谈过程中,我答应将他调到他想去的工作地点;而作为交换,他承诺留下来再干两年。"

◆ "我知道一名员工非常重视信息,他很享受自己是一个消息灵通人士,而且喜欢别人征求他的意见。了解这一点之后,我觉得很高兴,于是对这名员工承诺说,从今以后,我会更乐于向他提供信息,并经常咨询他的意见。"

◆ "我与两名员工分别进行了留才面谈,发现其中一名员工希望在自己的工作中增加信息技术的工作量,而另一名员工则希望减少信息技术工作量,于是我根据他们的要求,把双方的工作量重新进行了分配。"

◆ "我注意到,一名品管人员看起来有点儿压抑,工作表现也不太好。在面谈过程中,她说她对品质检查没兴趣。于是,我调她去做一个重要性较低、压力不太大的文职工作,她喜出望外。现在,她的表现非常出色。"

◆ "一名任职7年的员工觉得自己被公司忽视了。在面谈过程中,我发现了她的兴趣点,于是给她重新调整了工作,给予更多她想要的东西。我意识到,之前我在无意中忽视了她的作用,没有把她当回事儿。现在,她所做的事情大多是她所喜欢的,而我对她的看法也完全改观了,我将她的工作技能视为我们团队的巨大财富。"

要是这些管理者没有询问员工的想法,结果会怎样?他们还会

乐意留下来吗？留才面谈并非提升员工敬业精神和降低人才流失率的唯一手段，但它是实现这一目标的基础。不进行留才面谈，你就根本无法了解你的优秀员工的真实想法。所以，别再瞎琢磨了。

亲口去问问他们吧！

IT WORKS
if you work it.
（努力总会有回报。）

阅读与思考

名企留才有哪些高招?

"企业即人,成也在人,败也在人。"松下电器创始人松下幸之助曾这样论述企业与员工的关系。放眼全球,许多名企为留住优秀人才,都有各自独特的做法。

惠普:员工的私事优先

惠普对员工的上班时间实行弹性管理。如果员工有私事,一般可以优先处理。员工如果加班,可以享用免费晚餐,可以乘出租车回家,费用由公司报销。美国惠普公司对待跳槽员工的态度是:不指责,不强留,利索地放人,握手话别。惠普每年在人才培训上花了不少钱。有些人进惠普工作就是为了学到工作经验后跳槽,寻找下一份高薪工作。对此,惠普公司管理层认为:人家愿意来,说明惠普有吸引力;人家想走,强留也不会安心。再说,IT行业的人才流动率本来就高,优秀人才到其他公司服务,也是惠普对社会的贡献。

麦肯锡:建立"毕业生网络"

美国麦肯锡咨询公司有一本《麦肯锡校友录》,其实就是从麦肯锡离职的员工花名册。麦肯锡将员工离职视为"毕业离校",离职的员工就是麦肯锡遍布世界各地的"校友"。麦肯锡的管理者深知,随着这些离职员工职业生涯的发展,他们将成为麦肯锡的潜在客户,是十分珍贵的资源。麦肯锡一直投入巨资用于建设其遍布各行业的"毕业生网络"。事实证明,这一独特的投资为公司带来了巨大的回报。

思科:全球医疗救助

美国思科公司有一项非常特别的福利——全球紧急医疗救助。这个福利可以保证员工在世界各地都能享受全天候的医疗服务,服务内容甚至超出了医疗保险的范围。员工遇到任何问题都可以拨打付费电话获得帮助。

贝恩:人走茶不凉

美国管理咨询公司贝恩,专门设立了"前雇员关系管理主管",负责跟踪离职员工职业生涯的变化。为了记录这些变化,公司还建立了一个"前雇员关系数据库"。这个数据库的资料不但包括他们职业生涯的变化信息,还包括结婚生子之类的细节。公司定期向前雇员们发送内部通讯,邀请他们参加公司的活动。如此感情投资,也是为了有朝一日能利用这些"跑掉"的人力资源。

星巴克:关心员工的家庭

与零售业的同行相比,星巴克员工的福利十分优厚。董事长舒尔兹给那些每周工作超过 20 小时的员工提供卫生福利、扶助方案和伤残保险，并尽可能地照顾员工的家庭，对员工的长辈、孩子都有不同的补贴方法。补贴的数额虽然不大，但让员工感到了公司的关心。员工对此心存感激，对顾客的服务会更加周到。

ASP：免费瑜伽班

在美国 ASP 公司工作的员工，医疗、牙科、人寿保险一样不缺，没有使用的带薪休假还可以转换为现金奖励。瑜伽运动盛行时，公司及时开办了免费瑜伽班。公司相信，只要善待员工，就能提升工作质量并留住他。

后 记

留才面谈需要真诚,更需要持之以恒!

再长的书也有结尾的时候,是时候说再见了,亲爱的读者,感谢你陪伴到这里,下面这段话就算是我们的临别赠言吧!

> **临别赠言**
>
> 时间:今天
> 致:任何正在担任管理职务的人
> 来自:贝弗莉、莎朗
> 主题:留才面谈

你希望自己的优秀员工能留下来,或至少在团队中多干一段时间。可是,优秀的人才总是不愁去处,而你的竞争对手也正在极力招揽他们。如果你想提升他们的敬业精神,并让他们最终留在你的团队,要做很多事情。但如何确切地知道每个人心中所想,并有针对性地和他们面谈后采取行动呢?我们希望这本手册能帮助你回答这个问题。不要瞎琢磨,主动询问,而且要早点儿问、经常问。每次对话都是你学习如何提升员工敬业精神的好机会。

留才面谈是一种带有目的性的探讨方式。通过这种方式，可以了解你的优秀员工最关心什么事情，然后和他们一起去实现。

留才面谈产生积极的溢出效应

你是否听说过"溢出效应"？它是指一件看上去很小或无足轻重的事情发生后，让其他不太相关联的事情也受到了影响。例如，你是否注意到，一个人的欢笑可以带动其他人一起笑起来？

留才面谈能产生积极的溢出效应。把这本书送给你的下一级管理者吧，鼓励他们与直接下属进行留才面谈。这个过程层层递进，员工的幸福感会越来越强烈，工作效率也会越来越高，足以吸引优秀人才留下来，从而降低人才流失率。许多组织都非常重视这种溢出效应，并要求各级管理者要定期与员工进行这种重要的交流。为了取得好的交流效果，我们特地向你推荐一些方法。

◆ 询问每一名员工，吸引他留在公司或你团队的原因是什么？

◆ 每个月都重新看一遍这份记录，然后问问你自己：为了满足这名员工的要求，你都做了哪些事情？

◆ 与员工再聊一次。留才面谈本来就不是一蹴而就的事情，它不但需要你的真诚，还需要持之以恒。

试过之后，如有可能，请将你的面谈效果告知我们！

致　谢

早在 1999 年，我们就合作出版了《留住好员工》并为该书撰写了致谢。那时候，我们就觉得这辈子可能不会再写第二次致谢了，但惊喜随后接踵而来。后来我们又有 6 次难得的机会写鸣谢，其中 5 次是为《留住好员工》的新版本（每次都要感谢不同的人），一次为《爱它就不要离开它》(*Love It, Don't Leave It*)。现在，适逢《留住好员工》姐妹篇《零成本留住核心人才》出版之际，我们又有机会感谢那些帮助过我们的人。

首先，我们要感谢贝瑞特-科勒出版社（Berrett-Koehler）团队和我们的编辑、出版社总裁史蒂夫·皮尔桑蒂。尽管我们知道说"绝不"是不会有好结果的，但我们两个人都认为我们绝不会把自己的工作强加到别人头上。史蒂夫一直都是我们最强有力的支持者、睿智的批评家，而且是非常支持我们工作的监督者。他让我们感觉很棒。没错，有时候他会说："你只尽了七分力。"（我们写这本书，他也是这样说的。）但我们还是感觉非常美妙。我们本以为自己尽全力了，但他再一次证明他是对的。谢谢你，史蒂夫，感谢你在帮我们完善本书的过程中所做的一切。

其次,我们要感谢本书的责任编辑南希·布罗伊尔。南希是《留住好员工》每一个版本的责任编辑以及《爱它就不要离开它》的责任编辑。没有南希的妙笔生花,我们是不敢把作品交付给出版社的。她工作细致、意见中肯,而且从不吝于赞扬我们。

我们的美术师迈克·罗德以及贝瑞特-科勒出版社的美术总监黛安·普拉特纳对我们极其耐心,从不对我们发脾气(至少我们没看到他们发脾气),总是不断尝试新的设计元素。这个团队一直坚持这本书的理念和我们的观点,我们对此表示感谢。同时要感谢我们充满活力的制作团队、贝瑞特-科勒出版社的拉塞尔·惠普尔以及掌控全局的第十七街工作室的内奥米·希夫,你们让这本书变得趣味十足。贝弗莉的行政助理劳丽安·斯比克思说她希望从本书创作伊始就参与进来。她参与审阅和评论书中的内容,帮我们解释贝弗莉的插图文字,并给我们带来重要且新颖的观点。正是由于她的努力,我们才能一路坚持下来,并且自始至终保持着密切的沟通。

我们很幸运,我们的客户中的很多人在协助我们。他们传授我们"留才面谈"的概念,我们再把这一概念用在研讨班和这本书中;他们告诉我们书中还需要添加哪些内容,给我们提供一些真实的案例和建议,并鼓励我们在书中加入他们的观点。职场系统国际公司(Career Systems)团队已经讲授"留才面谈"概念超过15年,他们能够接触到全世界成千上万的管理者。他们给我们提供了许多故事和建议,让我们可以随心所欲地用在这本书里。我们对他们表示万分感谢！我们亲自挑选了一个专家顾问团对本书进行优化和调整。这个顾问团包括我们的朋友、家人、同事和客户，他们当中许多人多次仔细阅读这本书，给予我们中肯的建议，有些人甚至建议我们推翻重写——当然了，他们只是在开玩笑。我们要衷心感谢以下亲朋好友：安妮·乔丹、迈克·埃文斯、安妮·拉特克利夫、唐娜·科尔贝克、贝弗莉·科罗威尔、黛安娜·科赫、安德鲁·琼斯、谢尔比·厄尔、贝特·克拉考、温迪·谭、凯蒂·沃斯克、琳迪·威廉姆斯、伊万·波尔蒂略、艾伦·麦基弗、安德鲁·白金汉姆、乔尔·托宾、哈勒里·阿祖莱伊和露西·雷。

我们衷心感谢我们的丈夫巴里和迈克，他们已经和我们一起经历过好几次写作的艰辛，并且仍然无怨无悔地支持我们写这本书。莎朗对丈夫迈克的感谢词是："给我们提供独到的领导力观点、无尽的耐心，而且还经常给我们做大餐！"贝弗莉对丈夫巴里的感谢词是："无论要做什么项目，他总会支持我。"希望他们永远做我们最坚强的后盾。

最后，我们要相互感谢对方。我们有着不同的技能、生活背景和工作经验，为不同的组织工作。这些差异让我们的合作充满了趣味，有时候虽然也会意见相左，但通常我们的合作效率是极高的。我们都知道，我们共同创造的作品远比各自单打独斗做出来的更出色。

与本书相关的技能训练

职场系统国际公司（Career Systems International）与乔丹-埃文斯集团（Jordan Evans Group）开发出一种矩阵式学习解决方案，旨在为全球各地的组织提供支持。我们的学习解决方案各式各样，规模大小不一。它们都是讲师主导型方案，由讲师进行面对面或通过虚拟手段进行指导。我们以不同形式和不同周期传授知识，包括微学习、网上学习、评估工具、门户解决方案以及理解力工具等。培训内部讲师或部门经理是一种流行的知识传递方式，我们在世界各地都有经验丰富的协作机构。

在看过《零成本留住核心人才》这本书后，许多管理者需要一个将所学新方法付诸实施的机会。我们的学习解决方案向广大读者提供了一些可以立刻付诸实施的模板、技术和工具。它们把留才面谈变成一种与众不同的、可重复进行的持续对话。

留才面谈只是提升员工敬业精神和留存率的众多实用方法之一。我们还有一种方法来自《留住好员工》一书，这个方法提供了一整套实战策略，能够与每一名员工和每一个组织的需求相匹配。该解决方案有助于管理者理解自身的角色，并能够在他们培养急需的关键技能时，为对话注入信心。

提升员工敬业精神不仅仅是管理者的工作，员工也要为自身工作与生活的满意度负责。这个观点我们已经在《爱它就不要离开它》一书中论述过，而这种学习解决方案能让员工获得这种角色的所有权。它直截了当地提出一些建议和策略，而这些建议和策略与专为管理者设计的学习解决方案相匹配。毕竟，管理者与员工本来就是合作伙伴。

职业发展是提升员工敬业精神和留存率的驱动力之一。"职业动力"（CareerPower）和"教练型职业动力"（CareerPower for Coaches）这两套解决方案可以帮助员工掌控他们自身的职业发展路径，并与他们的管理者建立伙伴关系。《帮助他们成长还是看着他们离开》（*Help Them Grow or Watch Them Go*）这本书是另一种帮助领导者在一个充满压力的世界中与员工进行及时和真实职场对话的方法。

对有些人来说，获取提升敬业精神和职业发展技能的最佳方式就是参与一对一辅导或集体辅导。我们的"解决方案辅导模型"注重展开和维持重要的辅导型对话，在员工、管理者和整个组织之间引发重要的对话。它让员工和管理者有机会培养、实践和磨炼这些关键技能。

世上从来没有解决问题的特效药或万能的解决方案。我们的"咨询服务"可以帮助组织界定、应对、拓展、交付和评估各个组织的独特需求。以人才为本的组织会给员工和管理者提供其保持竞争力所需的知识和工具。组织和个人要获得成功，学习解决方案就必须与其他人力资源体系结合在一起，并且适用于每种独特的文化。

本书两位作者和资深顾问们经常到各种协会、组织和其他重要场合发表演讲。他们在这方面有着丰富的经验，能够在各种场合充分调动观众的积极性，并提升员工的敬业精神和人才留存率。

从1998年开始，本书作者及其所在组织一直在进行相关研究，以理解各个组织的"员工留存因素"。他们经常出版名为"你为什么要留下来？"这样的白皮书。他们的研究跨越地理学、组织学、不同行业、年龄和其他人口学因素。他们的研究成果能帮助我们深入了解如今员工留在组织并为组织的发展尽心尽力的原因。该研究仍在持续进行中，你可以在职场系统国际公司的网站上看到相关内容。

非同凡想的插画师

本书的插画师迈克·罗德绝对是位大牛级别的人物。他曾为许多超级畅销书设计过插画，如由 37signals 公司出版、登上《纽约时报》畅销书籍排行榜的《远程办公》(*Rework and Remote*)，由克里斯·吉勒布所著的《小微企业》(*$100 Startup*)，以及由丹尼尔·柯伊尔所著的《天才手册》(*A Little Book of Talent*)。

作为一位经验丰富的界面设计师，迈克·罗德曾出版过两本关于速写的书籍，分别是《速写手册》(*The Sketchnote Handbook*) 和《速写练习册》(*The Sketchnote Workbook*)。他还经常进行演讲，并出席一些教人们速写技巧的研讨会。

如果你想了解更多关于迈克的情况，你可以登录 www.Rohdesign.com 网站，查看迈克的作品范例。

"iHappy 书友会"会员申请表

姓　名（以身份证为准）：_____；性　别：_____；
年　龄：_____；职　业：_____；
手机号码：_____；E-mail：_____；
邮寄地址：_____；邮政编码：_____；
微信账号：_____（选填）

请严格按上述格式将相关信息发邮件至中资海派"iHappy 书友会"会员服务部。

　　邮　箱：zzhpHYFW@126.com

　　微信联系方式：请扫描二维码或查找 zzhpszpublishing 关注"中资海派图书"

优惠订购	订阅人		部　门		单位名称	
	地　址					
	电　话				传　真	
	电子邮箱		公司网址			邮　编
	订购书目					
	付款方式	邮局汇款	中资海派商务管理（深圳）有限公司 中国深圳银湖路中国脑库 A 栋四楼　　邮编：518029			
		银行电汇或转账	户　名：桂林 开户行：交通银行深圳红荔支行 账　号：6222 6013 1000 6765 820			
	附注	1. 请将订阅单连同汇款单影印件传真或邮寄，以凭办理。 2. 订阅单请用正楷填写清楚，以便以最快方式送达。 3. 咨询热线：0755-25970306转158、168　传　真：0755-25970309 E-mail：szmiss@126.com				

→利用本订购单订购一律享受九折特价优惠。

→团购30本以上八五折优惠。